JN250479

Gleam BOOKS

宮下　紘
Hiroshi　Miyashita

事例で学ぶプライバシー

株式会社 朝陽会

はしがき

本書は、2013年8月から2016年1月まで『時の法令』に連載した「privacy news」をまとめたものである。一部のテーマについては、連載後の最新動向を踏まえ追加している。この連載は毎月異なるテーマで30回ほど続けさせていただいた。30のニュースをもとに限られた紙幅で、一般読者にプライバシーを取り巻く問題点を指摘し、その解決策を提示することは困難な作業であった。

しかし、幸いなことに、30か月もの間執筆をつづけることができたのは、いまプライバシーをめぐる諸課題が山積していたからである。したがって、テロ対策にかかわる問題から自治体の窓口に関連する問題、日々多くの読者も利用する検索エンジンにかかわる問題まで、扱ったテーマも実に多様となった。逆を返せば、それほどプライバシーを取り巻く環境は厳しさを増し、私たち自身がプライバシーの意義を考えていく必要性が増していることを認識する必要がある。

本書は、プライバシーの権利や個人情報保護法制を知らない一般読者を念頭に、読者自身にプライバシーの問題を考えていただきたい思いが形になった。本書にプライバシーの諸問題についての回答はない。その回答は読者自身に考えていただくべき問題である。その意味で、本書は生きた素材をもとに、プライバシー・個人情報保護を今後考えるためのヒントを提示しているにすぎない。

ひるがえって、連載をしていたわずか2年半で、日本と世界のプライバシーを取り巻く環境は大きく変化した。この間に日本の個人情報保護法は施行以来初めて実質的な改正が行われ、独立監督機関である個人情報保護委員会が設立された。そして、世界では、忘れられる権利やセーフハーバー無効判決などプライバシーをめぐる様々な動きが見られた。

本書の公刊にあたり、多くの方々に多くの示唆をいただいた。連載中に特定個人情報保護委員会（現在、個人情報保護委員会）の委員長にご就任された堀部政男先生には、学生時代からご指導いただき、海外出張でご一緒させていただくたびに先生のご経験談をうかがうのが楽しみだった。先生の長年の実体験に基づくご研究が私にとってのお手本となっている。

多くの研究者、国の行政機関の担当者、外国のプライバシー・コミッショナー、自治体の担当者、企業の担当者、また学生たちからの鋭い意見や指摘は筆者の思考の一部をなしている。そして、筆者の連載を一番強力に支えてくださったのは読者であった。連載を楽しみにしているという多くの読者の声があってこそ、本書が生み出された。読者の皆様のご意見・ご批判は私にとっての宝である。

本書のもととなった連載をご提案いただいたのは『時の法令』編集部であった。筆者がアメリカでの在外研究から帰国して間もなく、一般読者向けにプライバシーに関連する話題を書いていただけませんか、という依頼だった。連載が途切れることなく、手際よく校正をしていただいた『時の法令』編集部の皆さまにはこの場を借りて御礼申し上げたい。

最後に、本書の表紙デザイン案について提案してくれ、筆者を支えてくれた宮下奈々に感謝したい。

２０１６年６月４日

宮下　紘

目次

1 プライバシーか、国土の安全か？
——元CIA職員の告発をめぐって

元CIA職員エドワード・スノーデンの内部告発が、連日ニュースを賑《にぎ》わした。アメリカ国家安全保障局（NSA）が、電話の通信記録を極秘に入手していたという2013年6月5日の英ガーディアン紙（電子版）などの報道が端緒となった。オバマ大統領は「100％の安全と100％のプライバシーは両立し得ない」と述べ、アメリカ政府の諜報活動を認めるとともに、情報収集とプライバシー問題の本質を指摘した。

その後、スノーデンは同紙のインタビューで、「罪のない世界中の人の個人情報が知らないところで極秘に収集され、覗《のぞ》き見されていた」、「市民がこのような米政府の諜報活動の正当性を判断すべきである」と告発の理由を述べている。彼の行動については、ウィキリークスの創設者アサンジやペンタゴン文書事件の内部告発者エルズバーグをはじめ一般市民からも「英雄」という声があがる一方で、国土の安全を脅かし、国家機密を漏えいしたスパイで、国家の裏切り者だと非難する者もおり、アメリカ世論は二分している。

スノーデンの内部告発で明らかになったNSAによる2つのプログラム、①インターネット通信の監視プログラム（通称PRISM）と②電話通信記録の傍受プログラムを整理しよう。

第1に、対象が外国人とアメリカ人に分けられている。①のPRISMは、グーグルやフェイスブックなどインターネット大手9社のサーバーから外国人ユーザーのデータを収集するものである。電子メールやチャットの内容（写真、ビデオなどを含む）まで対象となっており、アメリカ国土の安全のために外国人をターゲットに課報活動を行っていたことが分かった。一方、②の電話の通信記録（電話の内容は含まない）はアメリカ人が対象だ。

第2に、ブッシュ政権時に成立した通称「愛国者法」（テロリズムの阻止及び回避のために必要とされる適切な手段を提供することによりアメリカを統合・強化する2001年の法）215条及び外国課報活動監視2008年改正法702条、さらに大統領令12333号に基づき、インターネット会社からの通信の傍受は約6年、電話の通信履歴の傍受は約7年にわたって行われてきたことが分かった。これらの根拠法令により、NSAをはじめとする政府機関は、司法長官の承認の下（司法当局の権限拡大）、連邦憲法修正1条の表現の自由を侵害してはならないという憲法上の唯一の制約を除けば、実質的に歯止めなき情報収集活動が認められてきた。一連の課報活動は、2005年12月にニューヨークタイムズ紙によりスクープされたことがあったが、ブッシュ大統領は極秘活動だとして一切事実関係に触れなかった。今回、オバマ政権がこの実態を初めて認めた点は評価できよう。

第3に、一連の課報活動については、外国課報活動に関する特別裁判所（裁判官11名）が令状チェックを行ってきたとオバマ大統領は説明したが、2009年のオバマ政権発足以来、約6500件の傍受申請に対して裁判所が却下したのは1件のみで、司法による役割が極めて限定的であることがうかがえる（適正な捜索押収を定める憲法修正4条はなおざりにされている）。オバマ政権が今回の諜報活動の合法性の根拠の１つとする愛国者法は、９・11のテロ後、市民の自由よりも国土の安全を優先する趨勢《すうせい》の中、わずか１か月程度の審議で成立した法律（２００５年末までの時限法が今日まで延長）で、市民のプライバシーに配慮した正当な立法活動とチェックがなされたか疑問がある。

他方で、今回の個人情報の収集・監視活動により２００９年のニューヨークでの地下鉄爆破計画をはじめ約50件のテロを防止できたとＮＳＡは主張する。つまり、安全が損なわれれば自由な環境もなくなる、というのである。

オバマ大統領は健全な民主主義国家として、今回の事件を契機にプライバシーと国土の安全という２つの重要な利益についての議論を歓迎すると呼びかけている。オバマ大統領は特命委員会を設置し、これらプログラムの法的課題の洗い出しを指示し、２０１４年1月には、アメリカ国内を対象とした通話履歴監視プログラムの廃止を表明。ただし他のテロ対策措置を検討する２０１５年6月まで（その後11月まで延長）という条件付きだった。

このような中、２０１３年12月にＮＳＡ通話履歴のプログラムについて連邦地裁で1つは違法判決、１つは合法判決が下された。そして２０１５年5月7日、合衆国第2巡回連邦控訴裁判所は、合衆国内にいる人を対象とした通話記録等のＮＳＡ監視プログラムが愛国者法第２１５条（外国諜報監視法に基づく記録及び他の情報の入手）の範囲を超えた違法な活動であると判断した。本判決は、連邦議会での審議を尊重しつつ、テロ対策という目的を掲げた監視プログラムの必要性と妥当性の観点から違法の判断を示した。果たして、アメリカの連邦最高裁がプライバシーと国土の安全という両方の利益を適切に天秤《てんびん》にかけ得るのか見守りたい。

一連の判決や特命委員会が公表した報告書のポイントはいくつかある。まず、一般論として、政府がテロ防止のための必要な措置を講ずることに大きな異論はない。問題は、その目的を達成するための手段である。テロ防止のためであれば、テロとは無関係の人々の自由やプライバシーまで侵して情報収集活動を行ってよいことにはならない。テロ防止の対策にも、プライバシー保護のための立法措置と基本原則が必要とされる。

そこで、監視プログラムにおけるプライバシー侵害の程度について考えてみる。アメリカでは個人がひとたび第三者に開示した電話番号はプライバシーの正当な期待が認められないとする「第三者法理」がある。この法理は１９７９年の合衆国最高裁の判決で認められたものであり、当時と比べ、電話やインターネットの利用者数は飛躍的に増加した。インターネットの閲覧履歴などはプロバイダには開示しているものの公開されているわけではなく、直ちにプライバシーが失われているとみるべきではなかろう。しかし通話履歴や閲覧履歴への保護が及ばないとすれば、デジタル時代に生きる私たちの私生活が裸にされているようなものである。国際的にもインターネット閲覧履歴等のプライバシー保護の必要性が謳《うた》われた。アメリカの監視活動を受けて、国連ではデジタル時代におけるプライバシー権の決議を全会一致で採択しており、国籍にかかわらずプライバシーは尊重されるべきである。

さらに、アメリカの監視活動に加担したイギリス、カナダ、オーストラリア、ニュージーランドでも諜報活動の改革が進んでいる。筆者が国際会議の場で学んだこととして、これらの国ではテロ対策を目的とした諜報機関による個人情報の収集活動や情報の利用については、違法性を問うことができないものの、情報の開示や削除を求める仕組み、さらに情報収集の件数を公表し透明性を高める仕組みが強化されている。つまり、テロと無関係な一般市民が監視の犠牲になっていないかをチェックする体制が整備されていなければならない。プライバシー侵害の最大の防止は、「監視に対する監視」である。ＮＳＡなどの諜報機関による監視は秘密にされていたため、一般人まで犠牲となり、際限なく情報収集活動が広がっていったが、これに対する裁判所やプライバシー保護を専門とする第三者機関による監視をすることが重要である。

また、アメリカによる通信傍受は日本の大使館もターゲットにしていたという。２０１６年６月４日、スノーデンは東京大学でのシンポジウムのライブインタビューで、日本でもプライバシー権を真剣に考える必要があることを呼びかけた。この事件を教訓にしてプライバシーの権利と国土の安全について日本でも民主的な議論が求められよう。

② ビッグデータの光と影
――Ｓｕｉｃａのデータ提供の教訓

ＪＲ東日本がＩＣ乗車カードＳｕｉｃａの乗車履歴などのデータを加工し、社外に販売していた事案で、２０１３年7月25日、同社は記者会見で詫《わ》びるとともに、データ販売からの除外方法について説明した。個人が特定できる情報が含まれていないものの、利用者に無断で提供していたことについては批判が相次いだ。データは、駅周辺の店舗出店などのマーケティングに利用される予定だった。

ところで、Ｓｕｉｃａを含む「ビッグデータ」（big data）とは、確立した定義があるわけではないが、たとえば総務省が出している定義例によれば、「事業に役立つ知見を導出するためのデータ」である。ビッグデータは、周辺地域のマーケティング・商品開発・営業など企業活動には大きな貢献が期待される。利用者にとっても購入履歴をもとにお薦めの商品案内やクーポンが配信されれば恩恵を受けることができる。さらに、東日本大震災直後の避難経路を携帯の位置情報や自動車のカーナビのデータから解析し、防災につなげる試みも始まっている。

他方で、自らの知らないところで大量のデータが収集・利用されることへの危惧も単に漠然とした不安感にとどまらない。大量のデータにより特定の個人像が浮き彫りにされることで差別を受けたり、財産的な損失を被る可能性もある。

Ｓｕｉｃａ騒動は、政府が成長戦略として２０１３年6月に「ビッグデータ・ビジネスの普及」の錦の御旗を掲げたばかりのつまずきである。ビジネス界での近年の流行語ともいうべき「ビッグデータ」とプライバシーの論点についてまとめてみる。

第1に、「匿名化の基準」が問題となる。社外に提供されたSuicaのデータは、個人を特定できない匿名化された状態にあったとされる。しかし、日本では匿名化それ自体の基準が明確にされておらず、ビジネスの足かせになるのみならず、利用者もプライバシーへの懸念を抱えたままである。公表された事実（JR東日本「Suicaに関するデータの社外への提供についてよくいただくお問い合わせ」2013年9月20日）によれば、氏名や連絡先は含まれず、乗降駅、利用日時、鉄道利用額、生年月（日は除く）、性別及びSuicaID番号を他の形式に変換した「識別番号」からなるデータが提供されたデータであった。この事実をもとに判断する限りでは、依然として特定の個人を再識別することが可能であると考えられ、今回の事例では適切な匿名化措置が行われていたとは言い難い。少なくとも、2015年の改正個人情報保護法の「匿名加工情報」の要件（30参照）を満たすには、①個人情報の記述等の一部削除、②個人識別符号の全部削除によって、特定の個人が識別することができないようにするとともに、復元することができないように加工したものでなければならない。Suicaの事例では、氏名や連絡先をマスキングしても乗車履歴と突き合わせれば容易に再識別は可能となる。

アメリカでは連邦取引委員会（FTC）が匿名化の要件として①データを合理的に識別できないようにし、②再識別化しないことを公約し、③提供先の再識別化も契約で禁止するという3要件を掲げる（Federal Trade Commission, "Protecting Consumer Privacy in an Era of Rapid Change：Recommendations For Businesses and Policymakers," March 26, 2012）。日本においてもこのような枠組みは参考になるが、注意も要する。まず、ＦＴＣが喚起しているとおり、匿名化とはそもそも一定の「状態」にすぎず、いつどこで元のデータと照らし合わせて再識別化されるか分からない。さらに、アメリカではたとえば病歴を保険会社に売るなどデータブローカーによるデータ売買という深刻な問題がある。そのため、ビッグデータ・ビジネスについてはＦＴＣによる課徴金による制裁が担保されている。単に匿名化の3要件のみを額面どおりアメリカから輸入するだけでは不十分であり、適切な法執行が必要なのだ。

第2に、ビッグデータの時代においては、データの二次利用が問題となるため、「利用目的の制限」が重要となる。すなわち、ＩＣ乗車カードは本来、鉄道利用の目的においてのみ個人情報の取扱いが認められるべきであり、マーケティングなど他の目的に個人情報を転用することは禁止されている。実はＪＲ東日本の事件は、香港における２０１０年の鉄道ＩＣカード（オクトパスカード）の２４０万人の個人情報売却事件と類似している（香港では社員が売却しており全く同じではない）。香港では、この事件を受けて、プライバシー・コミッショナー（プライバシー保護のための法執行を行う独立した地位と強力な権限をもつ第三者機関。④参照）が調査の上、利用目的違反の決定を下した。鉄道会社のＩＣカードを他のマーケティング目的で転売することが当初の利用目的を超えるため、違法と判断されたのだ。

今回の法改正では、「利用目的を変更する場合には、変更前の利用目的と相当の関連性を有すると合理的に認められる範囲を超えて行ってはならない」という条文の「相当の」という文言が削除された。しかし、この「相当の」という文言の削除によって、ビッグデータを理由に利用目的を自由に変更できると解釈することはできない。依然として、当初の利用目的との「関連性を有すると合理的に認められる範囲」を遵守しなければ、利用目的違反となり得る。

第3に、「説明責任（accountability）」というプライバシー原則が重要となる。JR東日本も今回の件で利用者への説明が不十分であったことを重く受け止めていると公表した。匿名化の有無にかかわらず、利用者にとってみれば、元は自分のデータであり、それが勝手に売買されていたとすれば寝耳に水である。説明責任はもはや国際的にも受容された普遍的な責任であり、いかなる企業や組織であろうと、どのように個人データを取り扱っているか利用者に分かりやすく説明する責任を負っている。本人の同意を得る場合も利用者に個人データの取扱い方法を説明することが前提である。同時に、たとえ匿名化されていたとしても再識別化のリスクが高いのであれば、本人に同意の撤回（いわゆるオプト・アウト手続）を設けることが必要であろう。実際、JR東日本は、その後、「Ｓｕｉｃａに関するデータの社外への提供分からの除外要望の受付について（2013年9月20日）」においてオプト・アウト手続を適切な形で設けている。

最後に最も重要な点であるが、プライバシーはある種の文化や社会規範を反映しており、政府が「ビッグデータ・ビジネスの普及」という看板を掲げただけでただちに変わるものではない。筆者自身の個人情報保護法の担当官の経験からすれば、今回のＳｕｉｃａのデータ活用に対する利用者からの反発と戸惑いは、予想したとおりのものであった。個人情報保護法の施行後、名簿作成の取りやめなどの個人情報の過度な保護、いわゆる「過剰反応」の事例がみられたほどである。また、２０１３年7月に公表された総務省の統計によれば、６か国（日米英仏韓シンガポール）の中で、日本人が個人データを閲覧・公開・分析・売買されることに最も抵抗感を感じている。

企業側は乗車履歴の個人情報を財産的価値とみなす一方で、利用者にとって乗車履歴は各人の生活の一部であり、人格的価値をなしている。このように企業と利用者との間で個人情報の価値の位置づけが異なると、ビッグデータ・ビジネスは失敗する。Ｓｕｉｃａに関するデータの社外への提供についての有識者会議による「とりまとめ」（２０１５年10月）によれば、たとえ匿名加工情報を用いた場合でも「ビッグデータの利活用を進めるためにも、やはり社会の理解が必要になるため、利用者との信頼関係が重要となる」と指摘している点は注目するべきであろう。日本独自のプライバシー文化を無視した理論は現実には通用せず、法改正後もビッグデータとプライバシーに関する国民の理解度を深めていく必要がある。

ビッグデータ・ビジネスにより日本が成長できるかどうかは、個人データの取扱いの明確な基準を構築するとともに、適切にプライバシー保護ができるかどうかにかかっている。

③ 災害と個人情報
——名簿・位置情報の生かし方

2013年3月、北海道湧別町の地吹雪の中、父親が娘を抱いたまま亡くなるという事故が起きた。消防は、個人情報保護を理由に携帯会社から携帯の位置情報（GPS）の提供を拒絶され、捜索を中断していた。もしも父娘の位置情報がすぐに伝えられていたら、父親の命は助かっていたかもしれない。

また、大きな自然災害を考えると、東日本大震災では津波による被害者が9割を超え、自治体自体が消滅したところもあるため、名簿作成で安否確認という次元の話ではないが、1995年の阪神淡路大震災のような被害状況であれば、名簿やGPSを有効に用いることができていたらより迅速に行方不明者を見つけることができただろう。

こうした事故や災害での有効な個人情報の利用について、名簿とGPSに分けて検討しよう。

(1) 名簿を生かす

まず災害の備えとして、高齢者・障害者など、災害時の避難に特に配慮が必要な「要支援者」の名簿作成が肝要である。個人情報保護法の施行後、個人情報＝保護という短絡的発想から、必要な情報まで提供を控えるいわゆる「過剰反応」により名簿作成の取りやめが相次ぎ、自治体、民生委員、自主防災組織などでは要支援者の情報が十分に共有されないケースが増加した。実際、2007年7月の新潟県中越沖地震の際、要支援者名簿を作成していた長岡市では震災発生から約6時間後に全員の安否確認ができたが、近隣自治体では名簿が作成されていなかったり名簿の運用方法が決められておらず、安否確認が思うように進まなかった。

法律・条例では、「相当な理由のあるとき」や「特別の理由のあるとき」、さらに「人の生命、身体または財産の保護のために必要な場合」などには、行政機関や自治体で必要な個人情報を関係機関で共有することが認められる。しかし、個人情報保護条例の解釈をめぐり、どのような場合に自治体が個人情報を共有できるかについても現場の混乱もみられた。たとえば、2005年9月、東京都中野区では、洪水による床上浸水被害を受けた約800世帯について、都税の減免やNHK受信料免除を目的として、都税事務所とNHKからの個人情報の提供の要求に応じてしまったが、条例解釈の疑義が指摘された。区は、住民の生命、健康又は財産を守るために、緊急かつやむを得ないと認められるとする条例の例外規定にあたると解釈したが、税の免除は緊急性を要するものではないと考えられた。そのため、区長名によるお詫び文書を掲載し、担当課長は訓告、上司は口頭注意を受けた。緊急時に現場の判断にすべてを委ねることが困難な場合もあり、事前に個人情報の提供・公開の事由を条例や審査会で決めておくことが望ましい。

これに対し、外国の例を見れば、2011年2月、ニュージーランドのクライストチャーチの震災後には、個人情報保護の専門機関であるプライバシーコミッショナーが、安否確認を目的として自治体などが個人情報を提供・公開することを認める決定を直ちに下すなどの対応を行っている。日本でも今後、個人情報保護委員会に同様の役割が期待される。

こうした要望を受けて、2013年6月に国会は災害対策基本法を改正し、避難行動要支援者の名簿作成を一律に義務化した。名簿には、①氏名、②生年月日、③性別、④住所又は居所、⑤電話番号その他の連絡先、⑥障害・要介護の種別や状態等その他必要と認められる情報が掲載・記録される。この名簿の情報は、自治体が民生委員や社会福祉協議会、自主防災組織などと共有することが認められた。むろん正当な理由なく名簿を漏えいすることは禁じられている。

2015年4月時点で、1734の自治体のうち避難行動要支援者名簿を整備済みは52・2％（消防庁調査）であり、依然として約半数の自治体で名簿が作成されていない。これは、災害対策基本法の改正後も、名簿作成と個人情報の管理を各自治体の個人情報保護条例に委ねており、自治体ごとに判断が異なったためである。名簿作成済みの906自治体では、身体障害者（99・1％）、要介護認定を受けている者（97・8％）、知的障害者（96・6％）をほぼすべて名簿に掲載し、万一の場合に円滑な援助ができるよう準備され

避難行動要支援者の名簿作成状況

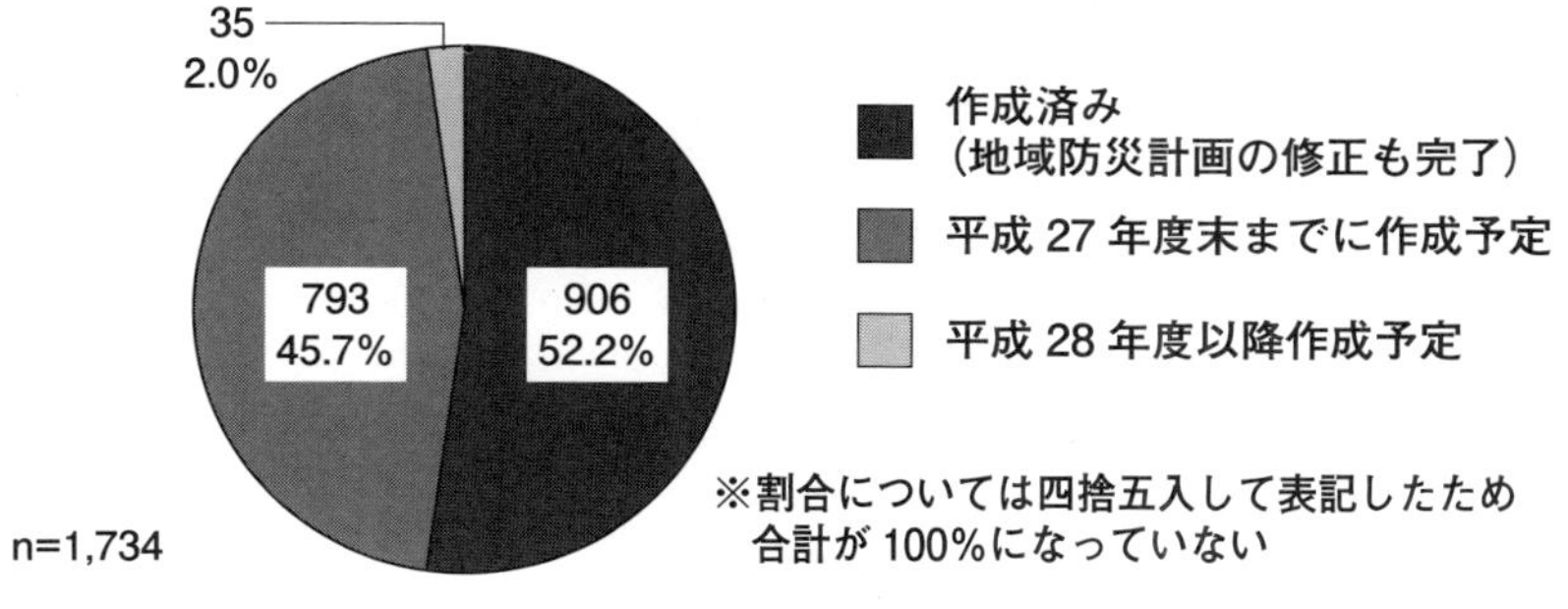

ている。また、名簿作成団体では、平常時における名簿情報の提供先として、民生委員(93・3%)、消防本部・消防署(80・4%)、自主防災組織(77・5%)がみられる。定期的な名簿情報の更新も今後重要となってくる。

今後はすべての自治体で災害に備えて要支援者の名簿が整備されることが予定されているが、重要なのは名簿をどう生かしていくかだ。すでに自治体では先進的な取組を行っているところもある。たとえば東京都中野区では、2011年に地域支えあい活動の推進に関する条例が可決され、高齢者・障害者などの見守り対象者の名簿が民生委員、消防署などにも共有されるとともに、すこやか福祉センターでは24時間体制で異変の通報を受け付ける連絡窓口が設置されている。名簿の存在だけでは不十分であり、その運用方法を地域ぐるみで考えていくことが重要だ。

SNSなどのインターネットの利用を通じた個人情報の提供や公開も有益であるが、注意も必要である。東日本大震災直後には、1万4000人を超える人が行方不明の中、グーグルのパーソンファインダーにおいて、登録された安否情報を検索するサービスがみられた。その数は震災直後に32万件を超える登録数があり、また、避難所の名簿を写真におさめ、画像共有サイトで共有し安否情報を公開する例もみられた。大規模震災直後の安否情報の提供や公開は、法律・条令においても「相当な理由のあるとき」や「特別の理由のあるとき」に該当すると考えられる。他方で、SNSを用いて不確かな情報や国民の不安をいたずらにあおる流言飛語もみられた。IDを偽るなどの例も報告された。SNSを用いた安否情報については、報道機関や自治体の発信する情報と併せて利用することで正確な情報を得ることができよう。

⑵　GPSを生かす

次に、災害発生時に、人命救助に際してGPSをどう利用するかである。2013年9月9日に総務省は人命救助の際のGPS取扱いのガイドライン改正を行った。①「生命又は身体に対する重大な危険が切迫して」いること、②「早期に発見するために当該位置情報を取得することが不可欠である」という条件を満たした場合にのみ捜索対象の者の位置情報の提供が救助関係者に認められるとするものである。実際、2013年3月に大分県霊山で遭難した高校生たちをGPSで位置を把握し、無事保護した例もある。また愛媛県松山市では、視覚障害者向けに携帯の特定ボタンを長押しすることで通報者の位置情報を送信する通報システムを採用している。

他方で、GPSと個人情報保護をめぐっては、「カレログ」と称し恋人の位置情報を追跡できるスマホアプリや、福岡県では捜査のために裁判所の令状なしに容疑者の自動車にGPSを装着していた事案が明らかになった。便利だからといって、何のルールもなしに人の位置情報を利用すれば、個人の行動・生活態様のみならず交際関係までも丸裸にしてしまう。災害時の救助の場面以外での位置情報の利用については、まだ議論の過程にある。いずれ本人の同意を前提とし、位置情報が無断で利用されることで私生活への不当な干渉とならないようなルールづくりが必要となろう。

災害に備えて名簿や位置情報などの個人情報の利用や保護の在り方をルール化しておけば、人命救助だけでなくプライバシーに配慮した共助と個人の尊重を両立した社会づくりにもつながるだろう。

④ モバイル・アプリに関するワルシャワ宣言と日本の対応

ポーランド・ワルシャワで2013年9月23日から26日にかけて第35回データ保護プライバシーコミッショナー国際会議が開催された。プライバシーコミッショナーとは、プライバシー保護のため法執行を行う独立した地位と強力な権限を有する第三者機関である。この世界最大のプライバシーの国際会議に、約70か国のプライバシーコミッショナーをはじめ、政府関係者、研究者、事業者などの約500名が出席し、国際的に重要な問題を審議し決議採択を行った。筆者はこの国際会議の基調講演の依頼を受け「プライバシーの文化的価値」について日本の法制度を紹介をするとともに、ポーランドのミハエル・ボニ大臣(行政・デジタル化担当大臣)らとともに総会パネルに参加した。ここでは、この国際会議で採択されたワルシャワ宣言や重要な決議などの議論の様子を紹介する。

この会議で採択された宣言や決議には参加国のコミットメントが要請される。ワルシャワ宣言は満場一致で採択され、モバイル・アプリによるプライバシーへの脅威への対応を示した。そして、コミッショナーたちは、データはあくまで「ユーザー本人が自らの情報を誰とどのような目的で共有するかを決定できること」が大前提であることを宣言した。また、アプリ開発者のみならずプロバイダにもその責任があることを明らかにし、個人情報保護の一定水準を満たしたアプリを認証する制度などを設けることを提案した。さらに、スマートフォンが個人情報の流出の道具とならないよう、諸外国と歩調を合わせたアプリに特化した個人情報漏えい対策が必要であるとした。

このコミッショナー国際会議では、ワルシャワ宣言を含め過去最大の9つの決議が採択された。中でも注目すべきは、アメリカ国家安全保障局（ＮＳＡ）による個人情報収集活動を念頭に置いた決議である。1つはプロファイリングに関する決議であり、いま1つは個人データの公開原則に関する決議である。いずれの決議も政府であれ企業であれ個人情報の収集が適法な利用目的のためにのみ行われるべきであること、そして収集活動の透明性と公開性を担保すべきであることが謳われている。日本のマスコミではすでに沈静化状態だが、会議の中でもＮＳＡ問題は再三取り上げられ、欧州では重大なプライバシーへの脅威として批判的な声が多く聞かれた。会議にはＮＳＡ問題の調査にあたるオバマ大統領から指名された有識者からなる「プライバシー及び市民的自由監視委員会」の委員長も出席し、ＮＳＡの情報収集活動の合憲性・合法性・妥当性を抜本的に点検することを表明した。

さらに、これまでもコミッショナーの間で強い懸念が表明されてきたウェブ上の閲覧履歴追跡への決議や若者のプライバシー啓発を目的とするデジタル教育促進の決議も採択された。他方で、プライバシー保護の国際法の構築に向けた決議ではアメリカが棄権するなど、コミッショナー間でも足並みがそろわない問題も存在した。

日本は法執行が担保された第三者機関としてのプライバシーコミッショナーが存在しなかったため、決議を審議する非公開セッションでは発言権のないオブザーバーとしての地位に甘んじている。また、残念なことにプライバシーを担当・専門とする日本の政府関係者、事業者、研究者の間にプライバシーの国際的な動向の正確な理解が行き届いていない。このため、日本は国際社会の中で孤立状態にある。このままでは個人情報保護の規制枠組みへの参画ができないことによって多くの日本のグローバル企業の成長の阻害になりかねない。

日本でも2013年7月にウイルス対策ソフトを装った不正アプリで3700万件もの個人情報等が不正に入手された事件が明らかになった。またユーザーの中には、課金制サイトへ誘導され損害を被った者もいる。不正プログラムのアドウェアは利用者の知らないうちに正規のソフトウェアをインストールさせ、金銭的利益を得る手口である。2015年の1年間にはモバイル向け不正アプリが1000万個以上（android 向け）確認された（トレンドマイクロ調査）。今回採択されたワルシャワ宣言はこのような不正アプリへの対処であり、このような国際枠組みに参画することは、日本の喫緊の課題である。

日本が世界に発信できることは少なくない。筆者は基調講演の中で、日本は法執行が緩やかであるものの、プライバシーが文化的な価値を有し、事業者の間で広く浸透したプライバシーマーク制度や事業者がデータ漏えいをした際の誠実な公表と事後的な補償等による日本独自のプライバシー保護の在り方を紹介した。制裁を伴うハードパワーとしてのプライバシー保護と同時に、社会規範として個人情報を保護するソフトパワーとしてのプライバシー保護の在り方も国際的に発信していく意義はある。

5 マイナンバー制度と個人情報保護 ──マイナンバーの利用開始を受けて

２０１３年５月24日、いわゆるマイナンバー法（行政手続における特定の個人を識別するための番号の利用等に関する法律）が可決・成立した。これにより、私たち１人ひとりに12桁の番号が付けられ、行政運営の効率化、公正な給付と負担の確保が行われることとなった。マイナンバー制度の対象は社会保障・税・災害対策の３分野で、確定申告の情報や年金給付の情報等が含まれる。また、２０１５年９月３日には、法施行前であるにもかかわらず、マイナンバー法の改正法が成立した。同年10月以降、通知カードが配達され、２０１６年１月からマイナンバーの利用が開始された。２０１７年７月以降、地方公共団体等も含めた情報連携が開始され、本格稼働する予定である。ところが、通知カードの配布を直前に控えた２０１５年９月の内閣府世論調査では、依然としてマイナンバー制度を知っている者は43％にとどまり、プライバシー侵害（34％）や不正利用（38％）への懸念も払しょくされていない。システムの開発や広報啓発のために、政府は平成26年度～27年度にかけて約２０００億円もの予算を投じ、莫大な税金をかけている。すでに交付されている住基カードは約８３４万枚で、総数は人口の10％にも満たない。

マイナンバー制により所得情報、戸籍や世帯に関する情報、さらには介護、生活保護、障害に関する情報までもが１つの番号に集積され得ることになり、個人情報の漏えいなどプライバシーへの問題が指摘される。今回は、本格運用されるまでの間に検討すべき事項を考えてみる。

まずマイナンバー制度のメリットは何か。第１に、マイナンバーの利用により、税と社会保障の公平性が確保される。約５０００万件にのぼるオンライン化した年金記録にミスや不備があった「消えた年金記録」問題は記憶に新しい。マイナンバー法により氏名と生年月日などに基づく突合など、これまでのような手作業による行政負担は改善される。二重申告や生活保護の不正受給の防止が可能となり、マイナンバーの管理によって正確性と効率性が担保される。

第2に、２０１７年からは「マイナポータル」というサイトを通じて自らの税や年金に関する情報の確認が可能となる計画である。これにより行政が自分のどんな情報を保有しているか知ることができる。インターネットの利用ができない者には、任意代理が認められることになり、社会保険労務士や税理士に社会保障や税の手続を委任できる。さらに、年金・失業保険申請時の添付書類も不要となり、この面では国民の負担も軽減される。

他方で、個人情報保護の観点からデメリットや留意点もある。第1に、個人情報の漏えいの問題である。情報漏えいはマイナンバーを導入する前の時点でも生じているから騒ぐべきでないという声も聞くが、これはマイナンバーで扱う情報の機微性を無視した議論である。個人情報に関する各種調査では、マイナンバーが扱う情報の中でも、財産・収入情報は最も他人に知られたくない情報として常にあげられるものである。さらに、職場・財産・収入情報に世帯や障害に関する情報が紐《ひも》づけられ漏えいしたとすれば、個人情報のみによって偏見・差別や好奇心が助長されることになり単純な個人情報の漏えいでは済まされない。また、2013年11月、愛知県江南市の元職員が住基ネットから個人情報を入手し別人の確定申告書を偽造した事件のように、住基ネットでも漏えいや成り済ましが起きた。こうしたことがマイナンバーでも起きれば、マイナンバー制度自体の信頼が揺らぐことになる。マイナンバーの取扱いについては自治体の長などによる「特定個人情報保護評価」が明文化されている。これは、プライバシーへの危険性や影響に関して事前に評価項目の実施が義務づけられるもので、マイナンバー法は住基ネット導入時よりも厳格な個人情報の保護を規定している。

重要なことであるが、自治体から配布された「通知カード」単体では身分証明書としては利用できない。顔写真のない番号だけの本人確認では、番号を知る者によるなりすまし犯罪などが予想される。ＩＣチップ付き「個人番号カード」（氏名、住所、生年月日、性別、顔写真を含む）を自治体窓口で交付を受ければ、そのカードが公的身分証明書となる。

第2に、たとえマイナンバーが漏えいしなくても、社会保障や税の分野の個人情報が紐づけられることで、特定の個人像が政府によって管理されることになりかねない。いわゆる「プロファイリング」の問題である。たとえば、一定の所得層には自治体の公営住宅の宣伝広告や自治体への寄付を募るインターネット配信をするが、低所得層にはその所得に見合った就労支援の勧誘メールを配信するなど、行政サービスの差別化が想定される。つまり、蓄積されたデータから個人像が割り出されることで、その個人が具体的な差別を受けるおそれがあるのだ。マイナンバー法は、これまでの個人情報保護関連法に比べて不正な収集・利用等につき4年以下の懲役・200万円以下の罰金という重い刑罰を規定しており、本来の目的外の不正利用は厳しくチェックしなければならない。

また、企業の担当者はマイナンバーである特定個人情報を管理することとなるが、従来の個人情報以上に厳重な管理が必要となる。とくに給与業務などを委託していた場合、マイナンバーの管理処理も委託することになるだろうが、マイナンバー法では委託をした者の許諾がない限り再委託ができず、無許諾で委託を行う企業に対しては、個人情報保護委員会が違反行為の中止などの是正措置勧告を行う。委託に許諾を必要としてきた銀行などが信用情報を扱うのと同等の水準で、マイナンバーを管理する必要性がある。ベネッセの個人情報漏えい事案でも分かるとおり、委託先での漏えい事案は委託元に責任がある。住基ネットの最高裁判決では、個人情報保護などの法制度上・技術上の不備がないことが合憲の条件とされている。

それにせよ、個人情報保護委員会は２０１６年1月に改組されその役割を果たすこととなったが、その定員はわずか52名である。全国の自治体等におけるマイナンバーの利用で不正や不適切な利用がないか監視するにはあまりに小さな規模である。マイナンバーに対する訴訟も提起されており、不備な体制はプライバシー権を侵害するとして憲法上の疑義も生じることとなる。

第3に、マイナンバー法はそれ自体が行政の効率化を主目的としており、いまだ国民へのメリットが見えづらく、課題が残されているといわざるを得ない。初期費用に２７００億円がかかっているが、ＩＴハコモノとならぬよう、行政サービスの向上が要求される。また、メリットとされるマイナポータルにおける税や年金に関する情報の確認だけではメリットとして不十分である。自身の情報を単に確認するだけではなく、自らの個人情報の利用停止や消去という措置まで担保する仕組みが今後検討されるべきである。

ちなみに、２０１５年の個人情報保護法改正案の審議中には、日本年金機構からの年金記録に関する個人情報の漏えいが発覚した。このため、国会審議により日本年金機構は２０１７年5月31日までマイナンバーに関する事務処理ができないこととなった（詳細は政令で決定）。さらに、重大な漏えい事案については個人情報保護委員会への報告が義務づけられた（30参照）。

マイナンバー制度のシステム全体について、今後検討すべき課題が残されている。２０１５年9月のマイナンバー法改正では、予防接種の履歴やメタボ検診情報、さらには任意であるとしても預金情報にまでマイナンバーの利用が拡大した。本来、税・社会保障、そして事後的に追加された災害対策の3分野のみに限定して設計されていたマイナンバー制度が健康情報や経済状況に関する個人情報にまで拡大されてしまった。また、マイナンバーについては、個々の納税情報などをもとにビジネス展開が可能となるため、「民間における活用を視野に入れ」ることが附則で明記された。さらに、政府の検討会では、個人番号カードを健康保険証として利用することや、デビット・クレジットカードとしての利用、国家公務員の身分証明書、さらには東京オリンピックやカジノ入場規制にまで拡大するロードマップが示された。守るべきプライバシーの権利が何であるかを議論してこなかったからこそ、このようなマイナンバーの利用拡大の政策が次々と出てきたのではないだろうか。守るべきプライバシー権の範囲が確定されていれば、マイナンバーを利活用できる範囲もおのずと決まってくる。

筆者は、番号制度が運用されている韓国で国際会議に出席した際、韓国の担当者から本来行政に限定すべき情報を民間に拡大させれば個人情報の漏えいの可能性が高くなること、不正利用の報告件数が増加したこと、そして何より納税情報や生活保護受給歴などにより、差別と偏見を生み出す社会になる危険があるとの忠告を得た。すでに番号制度の負の側面を見てきた国の教訓を生かし、次々に利用範囲を拡大するのではなく、当初の利用目的を厳格に守り、日本では国民から信頼される運用と監視をすべきである。

「社会保障・税番号大綱」には、「国民が自己情報をコントロールできる社会」を目指すことが記されていた。この法律が、政府による個人情報の一元管理を許すものではなく、各人が社会の一構成員として自らの情報がどのように行政に扱われているかを「マイナポータル」を通じて知ることができる、つまり「自己情報をコントロールできる」ことを実感できる制度になるか否かは今後の運用しだいである。

6 医療情報のデータベース化と個人情報
——がん登録推進法の論点

日本人は生涯のうちに2人に1人はがんにかかる。2013年12月6日、「がん登録等の推進に関する法律」が成立した。これにより、2016年1月から年間約70万人に上るがん患者の情報が一元的にデータベース化される。この法律に基づくデータベース化に患者本人の同意は必要ない。がんの治療結果を医療機関の間で共有し、患者への情報提供や治療法の開発、予防法の研究が進めば、多くの命を救うことにもなる。ここでは、個人情報の利活用によっていかに国民の生命を救うことができるかについて考えてみる。

この法律により、「全国がん登録データベース」には全国すべてのがん患者の氏名・生年月日、がんの種類や進行度、治療の内容などが一元的に管理される。また、院内がん登録という形で、病院内でもがんの罹患《りかん》・診療・転帰などに関する詳細な情報を記録し、保存することとなる。一定期間後には、がんの調査研究のために患者の情報が匿名化して共有される。これまでも一部の地域やがん診療連携拠点病院ごとにがん登録が行われてきた例があるものの、国全体としてはがん患者の実態把握ができなかった。本法により全国の患者の情報が国立がん研究センターにデータベース化され、どの地域でどのような種類のがんが発生しやすいかを分析し、自治体のがん検診での罹患情報の突合と整理・利用や、医療機関ごとの治療履歴の比較などもできることとなる。データベースの準備を経て、

２０１６年1月には施行された。

既に医療分野では、電子カルテによって、医療機関ごとに管理されたカルテ情報が様々な病院や医師の間で共有が可能となり、個々の患者の診療情報に応じたオーダーメイド医療が検討されてきている。２０１２年2月に設立された東北メディカル・メガバンク機構では、宮城・岩手の住民15万人の遺伝子情報や生活習慣などのデータから病気との因果関係を解明し、オーダーメイド医療の一歩を踏み出した。

しかし、医療情報のデータベース化については個人情報保護の観点からいくつかの注意点がある。第1に、何よりも重要なことは個人情報の漏えい対策である。医療機関からの個人情報の漏えい事案は後を絶たない。その漏えいは時として病に匹敵するほどの精神的痛みを個人にもたらす。個人の病歴は他の個人情報に比べ機微性が高く、遺伝子情報は本人のみならず、子孫や親族にまで被害が及びかねないからである。本法ではがん患者の個人情報を漏えいした者は2年以下の懲役又は１００万円以下の罰金という個人情報保護法よりも重い処罰規定を置いており、実名でデータベース化された情報は徹底した保護が必要となる。

第2に、がん患者の情報を保護してばかりでは、本来の趣旨であるがんの調査研究を行うことができなくなってしまうため、一定期間後には匿名化されたがん患者の情報の調査研究の利活用が行われる。これをどのように行っていくべきか、が問題となる。患者としては自らのがんや病歴に関する情報がどこでどのように使われているのか知らなければ不安になる。

アメリカでは遺伝子検査からがんにかかる確率が示されるなど医療情報のデータベース化は進んでおり、実際1990年代からがんの死亡率が低下している。女優のアンジェリーナ・ジョリーが遺伝子検査で乳がんにかかる確率が高いことを理由に予防手術を行ったことを公にした例も記憶に新しい。アメリカでは2012年に保健福祉省が医療情報の匿名化の基準を示した。これに従い、専門家による決定がある場合、または氏名・社会保障番号等18項目にわたる個人情報を除去した上で匿名化を図った場合は、個人が何らかの形で再識別化される可能性は0・04%にすぎない。個人が特定されない形でがんや病歴情報が調査研究に使われ、それが社会的に貢献し得ることが示されれば、匿名化情報の利活用に対する国民の理解も深まるであろう。がん登録法では、識別（他の情報との照合による識別を含む）ができないように加工することが匿名化の要件とされているが、特殊な病気には再識別化のリスクを考慮に入れる必要がある。改正個人情報保護法では、匿名加工情報が、識別することができないのみならず、復元することができないことも要件としており、この要件を参照することも重要である。

第3に、死者の個人情報保護の在り方である。本来、プライバシーは生存する個人にしか保障されず、法的には死者にはプライバシーや名誉の権利性を認めにくい。しかし、厚生労働省の医療分野個人情報保護ガイドラインが示すとおり、遺族らの感情にも配慮し、死者の個人情報保護についても生存する個人と同様に扱うべきであり、死亡とともに病歴を公開してよいことにはならない。死者の個人情報保護については、医療機関に携わる者の倫理的責任が問われている。

＊

がん登録が運用される前の調査（２０１４年11月）では、がん登録を知っていると回答した者はわずか17・１％にとどまる。センシティブな問題であるだけに、今後はがん登録の意義を国民に広く周知徹底することも重要である。

個人情報が適切に利活用されれば、個人の生命を救うことにつながる。２００７年６月のがん対策推進基本計画では、既に国によるがん登録の必要性が指摘されていたものの、当時は個人情報であれば何でも保護すべきものという誤解に基づく「過剰反応」によってその実現が遅れた。今回のがん登録をはじめ、医療情報のデータベース化が進み、医療機関にとっても患者にとっても恩恵を受けることができれば、匿名化情報の利活用の実践例として注目を集めることになろう。

7 国連プライバシーの権利に関する決議
――デジタル時代の要請

2013年12月18日、国際連合は「デジタル時代におけるプライバシーの権利」の決議を採択した。193か国で構成される国連総会で、人権としてのプライバシー権の意義が満場一致で再確認されたのである。国連決議はドイツとブラジルが主導して採択されたが、アメリカ国家安全保障局（NSA）による大量の個人情報収集問題がきっかけになったと考えられる。実際、決議には、大規模監視と通信傍受が人権にもたらす負の影響を深く憂慮し、公共の安全のためであっても監視・通信傍受には国際人権法の遵守が必要であることが記されている。そして、オフラインであろうとオンラインであろうと、プライバシーが権利として同様に保障される必要性が指摘されている。以下、国連決議が各国に要求する4項目の内容と日本の課題について説明する。

① デジタル通信における環境を含むプライバシーの権利の尊重と保護をすること

日本は判例・立法によってプライバシーの権利を実質的に保障してきているが、このことがデジタル通信におけるプライバシー権を含むものであることに異論はなかろう。もっとも、憲法や個人情報保護法ではプライバシー権を明文で規定していないため、個々の事例において裁判所の解釈により権利の射程が決まることとなる。諸外国にはプライバシーの権利あるいはデータ保護の権利を憲法や個人情報保護法制で明文規定しているところもみられ、今後の検討課題となろう。

② 関連する国内法の国際人権法に基づく義務の履行を確保することを含む、プライバシーの権利の違反をやめ、またそのような違反の予防条件をつくるための措置を講ずること

私事、家族、家庭、通信の保障を謳う国連人権宣言12条などと整合するよう、プライバシー権が日本でも保障されなければならないことはいうまでもない。そのためには、プライバシー侵害を予防する法制度の構築とともに、プライバシー侵害とならないよう事前設計の段階で技術的にプライバシー保護を施す措置（「プライバシー・バイ・デザイン」）が要求されよう。

③ 国際人権法に基づくあらゆる義務の十分かつ効果的な履行を果たすことによって、プライバシーの権利を擁護するために、大量監視・傍受・収集を含む、通信の監視・傍受・個人データの収集に関する手続・慣行・立法を見直すこと

一般論として、日本でも通信の秘密によってプライバシー権が保障されてきている。しかし、日本の個人情報保護法には、テロ対策などのインターネット通信の傍受や防犯カメラによる監視などに関する明文規定が存在しない。公共の安全に関わる個人情報は、開示・訂正・消去の対象外ともされている。これは公共の安全とプライバシー保護の調整が不可避なためであるが、NSA問題を契機に、日本でも立法整備あるいは統一的なガイドラインの検討といった手当が必要となろう。

④ 透明性及び必要に応じ、国家の通信監視・傍受・個人データの収集の説明責任を確保すること

ができる常設の独立した効果的な国内の監視体制の確立又は維持をすること

日本のプライバシー保護の最大の弱点は独立監視機関の欠如であった。日本はこの要求を真摯に受け止める必要がある。ヨーロッパでは独立監視機関が不正な個人情報の収集活動の取り締まりを行い、違反事例には制裁金を科してきた。アメリカでもＮＳＡ問題について独立監視委員会が調査にあたり、アジアでも独立機関を設ける国がみられる。インターネットがもたらすグローバルな問題に監視機関が国際連携を行っている。２０１６年1月には、個人情報保護委員会が設置されたが、その権限は民間部門にのみに限定されている。国連の動向に対応するためにも、日本でもプライバシーが権利として効果的に保障されていることの説明責任を国内的にも対外的にも果たすためにも、公共の安全等に関わる公的部門を含む独立監視機関の設置は最重要課題だ。

国連はこの決議をもとに、２０１５年7月に人権理事会がマルタのジョセフ・カンナタチ教授を特別ラポーター（報告者）に任命した。今後、カンナタチ教授が国連加盟国のプライバシー権の保障の状況の調査などを実施する。すでに、フランス・パリにおけるテロ後の政府の対応についても、テロ対策が重要であったとしても、プライバシー権などの基本的自由を過度に制約するような司法手続を経ない電子的通信の監視に対する警告が発出されている。

日本では、２０１５年9月に個人情報保護法が改正されたが、このような国連の動向には言及されてこなかった。今回の改正とは別に、監視・傍受からプライバシー権の保障を宣言した国連決議の要請に対応した検討も必要である。

⑧ 住民基本台帳閲覧制限と個人情報保護
――逗子市ストーカー殺人事件から考える

２０１２年11月に起きた逗子市のストーカー殺人事件で、被害女性が住民基本台帳の閲覧制限をかけていたにもかかわらず、個人情報が漏えいした事案が後に明らかになった。調査会社が被害者の夫を装って納税課に「家内の税金の支払いの請求が来ているが、住所が間違っていないか」など高圧的な電話をかけ、住所を聞き出したと報道されている。この件で、逗子市長は謝罪した。

住民基本台帳や戸籍は、かつて閲覧は原則自由だったが、知らない事業者から大量のダイレクトメールが届くといった問題から、２００６年に原則非公開とされた。さらに、ＤＶやストーカー、そして児童虐待の被害者支援の一環として、被害者の申し出により閲覧制限を設ける「支援制度」が創設された。この制度により、各自治体は加害者や代理人からの住民票請求を基本的に拒否してきた。にもかかわらず、今回のような事件が起きてしまった背景には何が課題として残されているのか。

第１に、ＤＶやストーカーの被害者の個人情報については、自治体の部署ごとの縦割りの情報管理を克服する必要がある。逗子市の事件でも住民票担当の部署は閲覧制限が行われていたが、個人情報が漏えいしたのは納税課からだった。

報道によれば、主要都市の自治体を調査したところ、約半数の自治体で被害者情報の横断的な共有ができていない。つまり、住民基本台帳や戸籍担当の部署では被害者情報の閲覧制限が行われていいても、納税者や医療費助成申請を装って納税担当や福祉担当の部局から個人情報を聞き出す事案が報告されている。被害者に複数の窓口に同様の支援申請を行わせるのではなく、自治体内部の情報共有が重要となる。

「プライバシー保護」の観点から、情報共有に消極的な自治体もあると聞くが、そもそも本人から支援措置申出書（**資料**参照）が提出されている以上、提出時にどの部署で情報共有をするかを本人に通知すればすむことである。個人情報を保護して個人の命を保護できなければ、本末転倒の保護のあり方といわざるを得ない。法的にも生命・身体の保護に必要な情報共有は認められており、被害者本位の個人情報の取扱いをすべきである。実際、自治体の中には、年金、福祉、納税、医療、児童手当、選挙管理委員会等で広く被害者情報を共有し、窓口での本人以外の者からの住民票や納税証明書発行に応じないというところもある。また、児童虐待に関しては、速やかに自治体の福祉事務所や児童相談所への通告を義務としており、情報共有は義務であると認識すべきである。

第2に、自治体が個人情報を取り扱う場合、あくまで本人に対して説明責任を果たすことが必要である。逗子市の事件をみても、納税担当の職員が被害女性の個人情報にアクセスした記録は残っていたものの、誰が調査会社に対応したかの記録は残されておらず、さらに被害者本人にも照会があったことを通知していなかった。

そこで、個人情報へのアクセスの記録と担当者の記録を残すとともに、本人にもそれを通知する仕組みなどを確立することが望ましい。自治体によっては本人以外に証明書等を発行した場合、証明書

⑤

住民基本台帳事務における支援措置申出書

転送			市区町村	受付	連絡
				/	/
転送	/			/	/
	/			/	/
	/			/	/

○○○○○○長
関係市区町村長　様

住民基本台帳事務におけるドメスティック・バイオレンス及びストーカー行為等の被害者保護の支援措置の実施を求めます。

平成　　年　　月　　日

氏名

								備考
申出者	氏名（生年月日）	（　年　月　日）	住所		連絡先		本人確認	
加害者（判明している場合）	氏名（生年月日）	（　年　月　日）	住所		その他			
申出者の状況（いずれかにV）		配偶者暴力防止法第1条第2項に規定する被害者であり、かつ、更なる暴力によりその生命又は身体に危害を受けるおそれがあり、かつ、加害者が、その住所を探索する目的で、住民基本台帳法上の請求を行うおそれがある。			ストーカー規制法第7条に規定するストーカー行為等の被害者であり、かつ、更に反復してつきまとい等をされるおそれがあり、かつ、加害者が、その住所を探索する目的で、住民基本台帳法上の請求を行うおそれがある。			
添付書類（該当書類にV）		保護命令決定書（写し）			その他			
		ストーカー規制法に基づく警告等実施書面						
相談先	（警察署や配偶者暴力相談支援センター等に相談している場合、相談した日時、警察署等の名称、担当課等を可能な範囲で記入して下さい） 年　月　日（相談先の名称　　　　）（担当課　　　　）							
支援措置を求めるもの	希望にV	支援を求める事務			現住所等			
		住民基本台帳の閲覧			現住所	同上		

（現住所が記載されているものに限る）		住民票の写し等の交付（現住所地）	現住所	同上
		住民票の写し等の交付（前住所地）	前住所	
		戸籍の附票の写しの交付（本籍地）	本籍	
		戸籍の附票の写しの交付（前本籍地）	前本籍	

併せて支援を求める者（同一の住所を有する者に限る）	申出者との関係	氏名	生年月日	申出者との関係	氏名	生年月日

（添付書類がなかった場合）

警察等の意見		市区町村の確認	
	□ 1　上記申出者の状況に相違ないものと認める。 □ 2　上記併せて支援を求める者について、申出者を保護するため支援の必要性があるものと認める。 □ 3　1，2以外の場合に、警察等において、特に把握している状況（※一時保護の有無、相談時期等）がある場合 〔把握している状況：〕 平成　年　月　日 長（印）　（担当　課　係）		年月日 担当 相手方

備考	

（注）●太枠の中に記入してください。
●申出に際し、ご本人の確認をさせていただきます。
●申出の内容について、警察署等に確認させていただく場合があります。
●支援措置の実施後は、ご本人の住民票の写し等を請求される場合でも、本人確認書類が必要になります。
●支援措置は、厳格な審査の結果、不当な目的によるものでないこととされた請求まで拒否するものではありません。
●支援の期間は、支援開始の連絡日から一年です。期限到来の一月前から延長の申出を受け付けます。当該申出がない場合、期限到来をもって支援を終了します。
●申出書の内容に変更が生じた場合には、当初に申出を行った市町村長に申出を行って下さい。
（出典）総務省ウェブサイト

発行があった事実を本人に葉書等で通知する制度を設けている。万一不正に被害者の証明書発行が行われても、本人に通知することで被害を最小限にとどめることができる。本来、自治体が保有する個人情報はすべて本人のものであって、どのように利用されたかを説明する責任を、自治体は負っている。

むろん、そもそも自治体のサービス向上の観点や、また大多数の者が正当な理由で住民票などの請求をしているという現実から、必要以上に請求者を疑ったり、過度に複雑な手続を要求すべきではなかろう。しかし、疑わしい請求については、最大の注意を払うとともに、本人にもどのような請求があったかなどを説明する体制を整備することが期待される。

第3に、個人情報保護に対する意識向上が何といっても基本である。自治体によっては不正請求のマニュアルが作成され、疑わしい請求への対応が職員の間で共有されている。また、家族の形態も多様化しており、従来のように戸籍や住民票は必ずしも単純な個人情報が記載されているわけではなく、人には知られたくないセンシティブな情報が記載されている場合があることを認識することが重要である。どれだけ優れたセキュリティ面での対策が行われていても、現場担当者の個人情報の保護意識と組織的な保護措置がなければ漏えいは防ぐことができない。

逗子市は、今回のストーカー事件を受けて、市情報セキュリティ推進本部会議を設置して、住民基本情報系の不審な請求に対する窓口対応、それに対するマニュアルの徹底、あるいは不正アクセス防止の観点からログイン、ログアウトの時間の徹底、さらに住基支援措置申出者の情報連携などの措置を講じてきている。今回の逗子市の事件を教訓にして、今後、マイナンバー制度の運用に備えて、自治体間でのベストプラクティスを共有するなどして、不正な請求対策が必要となる。

⑨ 顔認証とプライバシー
──大阪駅顔認証監視カメラの是非

独立行政法人情報通信研究機構が、災害発生時の安全対策にICT技術を利用できるかどうか実証実験するためとして、JR大阪駅ビルの複合施設で監視カメラの設置準備をした。顔認証技術を用い、カメラが収集する映像センサーによって人の顔の特徴を登録し、特定の人の行動を把握する実験である。しかしプライバシーを懸念する市民からの反発によって、2014年3月に同機構は実験の延期を発表した。

もはや街中に設置された監視カメラは私たちの日常生活の一部となっているが、その存在と運用状況はあまり知られていない。むろん監視カメラは犯罪の抑止や事件の証拠として役立ってきた。近時では、テロ対策を目的として新幹線の車内において乗客の行動を監視するためカメラが設置されることとなった。箕面市では、より安全・安心なまちづくりを目的に市内すべての小中学校の通学路に750台の防犯カメラを設置することを掲げた。駅や商業施設などの公共の場でどこまで人の行動が監視・追跡されることが許されるのか。

日本の最高裁はすでに1960年代に、公道であっても原則として本人の「承諾なしに、みだりに容ぼう・姿態を撮影されない自由」が憲法上保障されていることを明確にしている。実際に、大阪西成区におけるテレビカメラによる監視について、1994年、裁判所は「人は一歩外に出るとすべてのプライバシーを放棄したと考えるのは相当ではない」と判断し、カメラの一部撤去が命じられた。このように、公共の場においてもすべてのプライバシーを放棄したと考えることはできない。また、偶発的かつ一瞬の「撮影」を前提とする監視カメラと異なり、今回の監視カメラは複数台用いて同一人物の行動を「追跡」している点において、単なる「撮影」以上にプライバシー権にもたらす影響があるとみるべきである。

プライバシー権の侵害のほかにも、独立行政機関が保有する個人情報保護法上の問題も生じる。実際、個人情報保護法制の上では、監視カメラの映像・画像であっても特定の個人が識別できる限りにおいて個人情報に該当する、と整理されてきた。しかし、これまで監視カメラについては、具体的な運用手続を定めた法令がないため、常識の範囲で運用されてきたというのが実情である。だからこそ、気味が悪いという市民の感覚的議論によって今回もまた実験が延期に追い込まれてしまった。監視カメラの問題は今回のみならず、以前にも地下鉄霞ヶ関駅で顔認証システムの監視カメラの設置が同じく中止に追い込まれた。そこで、監視カメラと顔認証システムの運用について、特に留意すべき事項について4点まとめ、感覚的議論ではなく、どのような手続を踏めば適切な技術となるのか、考えることにする。

第1に、監視カメラの設置には防犯目的などの明確な目的がなければならない。仮に実証実験として大量の個人情報をまず集めてから後で利用方法を考えるのであれば、個人情報保護法が定める利用目的の制限に反する。今回の実験もビッグデータと称して個人情報の解析を行うのであれば、災害時の誘導避難の安全対策という明確な目的に限って個人情報の利用がなされなければならないが、そもそも誘導避難のために、なぜ顔認証システムを利用しなければならないのかについても疑問が残る。利用目的に、必要な限りという条件から映像・画像の保存期間も事前に決められていなければならない。特に現状の監視カメラの問題点は保存期間があらかじめ定められていない点である。

第2に、監視カメラの設置は市民に分かりやすい場所への設置が必要である。そもそも防犯目的であれば、分かりやすい場所に設置するのが筋である。今回の実験では駅ビルのような人が避けて通ることができない場所に顔認証カメラを設置すること自体、市民に選択の余地を与えておらず問題が残るが、なぜこの位置に設置するのか説明責任を果たすことも必要である。さらに、周知が不十分で気づきにくいところへの監視カメラの設置は、不正な手段による違法な個人情報の収集にも該当することにも注意が必要である。

第3に、そもそも撮影された市民に本人が映っている映像・画像を開示する仕組みはあっただろうか。監視カメラ天国といわれるロンドンでは、請求後40日以内に本人に開示手続がとられるなどの行動規範が策定されている。EU司法裁判所は、2014年12月、家庭用防犯カメラについても、その一部が公道を映していれば、EUデータ保護指令の適用となることを明確にしている。また、撮影された映像・画像については、瞬時に自動的にID変換されているかどうかを含め、第三者による個人情報保護専門家のチェック体制の整備が望ましい。

第4に、プライバシーの侵害のおそれがある技術については、事前にその侵害の度合いを低くするための初期段階での設定が推奨される。このような技術的対策は「プライバシー・バイ・デザイン」といい、カナダでは監視カメラの人の顔をあらかじめぼかしを入れて撮影し、録画された映像の必要な部分のみぼかしを事後的にとる、という技術が奨励されてきた。今回の実験では、災害時の避難誘導目的であれば、撮影後に個人が識別されない処理を行うのではなく、顔認証の必要性の有無自体が問われるべきであり、撮影の段階から顔にぼかしを入れる工夫が検討されてもよかっただろう。また、東京マラソンではテロ対策目的で監視カメラが臨時で設けられたが、イベントに対応するためカメラの設置を時間限定で運用するという例もプライバシーリスクの観点からは参考になろう。

なお、今回の監視カメラの実証実験についての調査報告書（映像センサー使用大規模実証実験検討委員会・２０１４年10月20日）によれば、諸般の事情を考慮して、「社会生活上容認される限度内と認められる場合には、適法と解される」としている。他方で、「一般市民に与える不安感を軽減したりするために必要な措置」として、撮影を回避する手段を設けること、映像センサーの存在と稼働の有無を利用者に一目瞭然にすることなどが示されている。報告書に示されたとおり、監視カメラの運用の透明性を図るべきである。

今回の顔認証カメラの実験については前述の４点がいずれも不透明である。延期に追い込まれたのもやむを得ない。しかし、一定の手続を満たせば、顔認証カメラはともかく、監視カメラは市民の安全を守り、また災害時の誘導避難の向上につながる有用な技術となり得る。市民の側も気味が悪いという感覚論ではなく、「監視カメラ」を「監視」するためにも、これを機に冷静にプライバシー権と向き合うべきである。

10 スマートメーターとプライバシー
——電力消費からみえる行動パターン

２０１４年４月、政府は閣議決定した「エネルギー基本計画」で、「２０２０年代早期に、スマートメーターを全世帯・全事業所に導入する」と示した。すでに関西電力や九州電力では導入が開始されており、東京電力もさっそく２０１４年４月から東京都小平市でスマートメーターの実証実験を開始することを決定した。２０１６年１月末時点では約１３００万台弱がスマートメーターに交換されている。

スマートメーターとは、無線による双方向の通信機を利用してほぼリアルタイムで電気の使用状況を把握する次世代電力計である。これまで毎月検針員が各家庭を訪問して確認していた電気の使用量は、遠隔操作で約30分おきにデータとして電力会社に送られることになる。今後、全世帯に普及する計画で、これにより、ピーク時には料金が高い代わりにそれ以外の時間は電気が安くなるという、ピーク時間帯の電力の抑制と多様な電気料金プランの設定も可能となる。企業は同業者に比べて電力消費が高いか低いかを比較できるようになり、節電意識を高めることが期待される。また電力会社が住宅用エネルギー管理システム（ＨＥＭＳ）と連携させて消費者の生活リズムを把握することで、各消費者にあった省エネ商品や節電支援サービスなどが提供されるようになることも期待されるという。また、住宅メーカーではＨＥＭＳを利用して、ネット接続により外出先からも室内モニター画面に消費電力を表示するサービスを提供し始めた。

他方、スマートメーターの導入は、そもそも電力需給の逼迫《ひっぱく》や正確な料金の徴収といった電力会社のニーズによるもので、消費者の都合は考えられていない。導入に要する費用も多額なのだから、消費者への便益も今後検討すべきであろう。

スマートメーターは、単なる電力消費データではない。個人や家庭の生活リズムを丸裸にしてしまうというプライバシーのリスクをもたらす。たとえば、電力消費のグラフから、消灯による就寝時間や留守にしている時間が分かる。実際、アメリカでは電力データを読み取られ、留守中の自宅侵入の犯罪も報告されている。リアルタイムで送信されるデータから各電化製品の特長を読み取り、ドライヤーの使用による入浴時間の推測や、電気ポットの湯沸し頻度からコーヒー・紅茶などの嗜好《しこう》の推測が可能である。ドイツの研究者によれば、電力消費データからその家庭がどんなテレビ番組を見ているかも見抜けてしまうという。

すでにスマートメーターの普及が進んでいる欧米では個人や家庭の生活パターンが驚くほど浮き彫りにされ、明らかになってしまうことが報告されている。そのため、欧米ではプライバシー保護のガイドラインや勧告が示されてきた。

以下、スマートメーターの利用とプライバシー・個人情報保護の観点から最低限遵守すべき事項を列挙する。

まず第1に、電力消費のデータ送信について、本人への通知または公表が必須である。その上で、本人による選択の機会が与えられなければならない。仮に消費者からデータ送信を断ることを希望する者が出た場合（いわゆるオプト・アウト方式）、その消費者には拒否する選択権が与えられなければならない。消費者による選択権は、個人情報保護法が定める個人の権利利益を基盤とする。アメリカの州レベルでは、電力会社などにオプト・アウトによる書面があらかじめ用意されており、本人の申し出により電力消費のデータ送信を止めることが可能になっている。

第2に、得られたデータの利用目的による制限である。本来スマートメーターは「エネルギー基本計画」にも示されているとおり、ピーク時間帯の電力需要を有意に抑制するという正当な目的の範囲内でのみデータの利用が認められる。仮にも事後的にビジネスに役立ちそうだからといって、各家庭のデータを商業目的で売買するようなことがあれば、当初の利用目的の制限から許されない。その意味で、スマートメーターから得られた個人を識別できる情報を、保有できる期限を事業者があらかじめ定めておくことも重要であろう。

最後に、欧米を問わず広く実施されているプライバシー影響評価を行う必要がある。この評価はスマートメーターによってどの程度各家庭の生活・行動パターンが浮き彫りになり、どのようなプライバシーの危険が生じ得るかその影響を評価するものである。評価結果は消費者にも分かりやすく公表されなければならない。透明性を高め、説明責任を果たすことは、プライバシー情報の取扱いの基本である。スマートメーターが早くから利用されてきたＥＵでは、スマートメーターが大量監視の道具になることを警戒し、プライバシー影響評価報告書がプライバシー監督機関によるチェックを受けるなどの厳格な運用が行われてきた。

日本ではようやくスマートメーター制度検討会（経済産業省）において、２０１５年７月セキュリティ強化の報告書が公表された。しかし、プライバシーに関するガイドラインは作成されていない。全世帯に普及する前に、消費者に電力消費に関する施策やプライバシーについての広報啓発が必要となる。サイバー攻撃などによる情報漏えいや大規模停電への対策も必要となる。スマートメーターの利用はプライバシー保護と十分に両立し得るのであって、電力システム改革だけでなくプライバシー保護にも目を向けるきっかけとなることを期待している。

11 「忘れられる権利」を認めたEU
——検索サイトからの情報削除

人は忘れる。しかし、インターネットは忘れない。

ひとたびインターネット上に公開された個人情報は半永続的に残されてしまう。事実に反する不正確な情報や、たとえ真実であっても住所や電話番号などの個人情報が公開されてしまえば、私生活の平穏は侵害されてしまう。また、名誉を損ねるような情報がインターネット上で拡散されてしまうことで人格形成にも大きな影響を及ぼしてしまう。そこで、インターネットの世界で「忘れる」ことを権利として保障する必要性がでた。

２０１４年5月13日、ＥＵ司法裁判所は、検索サイトグーグルに表示された個人情報について、たとえその情報が真実であっても、検索結果の一覧からその情報を削除できる権利を認めた。

「忘れられる権利（the right to be forgotten）」は、２０１２年1月25日に欧州委員会が提案したデジタル時代に対応した権利であり、この権利を含むＥＵデータ保護法制が２０１６年5月に改正された。忘れられる権利は、ひとたびインターネット上に出てしまった個人情報や写真などを、データの本人が、削除と拡散の防止を求めることができる権利である。忘れられる権利は、もともと「自我への権利」あるいは「アイデンティティへの権利」から派生してきた。今回の判決は、審議段階のこの権利を、実質的に容認した画期的判決である。判決は、元の新聞記事の削除ではなく、検索サイト上での情報削除を命じたもので、ネット上の情報拡散防止のねらいがある。

本件は、16年前の新聞記事に、社会保障費の滞納のため不動産の競売の情報を掲載されたスペイン人が、自らの氏名をグーグルで検索すると、過去の借金による競売記事が表示されてしまうことで、プライバシーの侵害を受けたとしてグーグルを提訴したものである。

この判決で、アメリカに拠点があるグーグルであってもEU法が適用されること、またグーグルが新聞記事へのリンクを表示するだけでも、個人データ管理者と認定されることを示した。

本件最大の問題は、スペインの男性の主張のとおり、過去の記事を検索サイトの結果一覧から削除することができるかどうかである。裁判所は、たとえある者の情報をウェブページに適法にリンク設定する場合であっても、「収集または処理の目的との関係において、また時の経過に照らして、不適切で（inadequate）、無関係（irrelevant）もしくはもはや関連性が失われ（no longer relevant）、または過度である（excessive）とみなされる場合」において検索結果の表示が許されないと判断した。すなわち、EU基本権憲章が保障する私生活の保護と個人データの権利の観点から、本件のスペイン人は公人でもないため、16年前の新聞記事の再公表に対して、すでに関連性がないウェブへのリンク設定をされない権利を有しているとされたのである。この過去を公表されない権利は、グーグルの経済的利益や市民のこの情報へのアクセスの必要性と比較衡量しても、優先される基本的権利であると認定された。情報がたとえ真実であり、また本人に不利益をもたらすような情報でなくとも検索結果の削除の対象となる。かくして、EUでは、私人に一定の時を経た後に過去の情報を検索結果から表示されない権利が承認されることになった。

さらに、EU司法裁判所が、この判決の約1か月前の2014年4月8日、データ保全指令をプライバシー権侵害であるとして無効とした判決もここで喚起しておく必要がある。この指令は、テロ対策のため、警察・司法機関によるアクセスを認めるため、通信事業者に過去6か月以上2年以下の期間、メールなどの通信履歴を保存することを義務づけていた。しかし、裁判所を補佐する法務官の意見にあったとおり、人間は、一定の期間を経て自らの存在を全うしており、必要性からみても、比例原則の観点からも、人の「過去という時間」を国家が保全し干渉する正当な理由は見いだせない。人は忘れるが、インターネットは忘れない。だからこそ、自我造形の過程において、人の「時間」への不当な干渉に抗するために忘れられる権利が必要となる。

グーグルは、判決後から検索サイトで削除要請を受け付け、わずか1か月間で7万件以上の削除要請が出された。2015年2月には、グーグル諮問員会が、①公的生活におけるデータ主体の役割（政治家か一般私人か）、②情報性質（個人の私生活、連絡先、機微情報、未成年者の情報、犯罪行為に関する情報など）、③情報源（報道機関か個人の投稿か）、④時の経過（犯罪後の経過年数など）の4点について削除基準の指針となる旨の報告書を公表した。これらの削除基準に基づき、グーグルにはEU域内で2016年3月までに140万以上のURLを対象として、40万件以上の削除要請が寄せられてきた。そのうち、約42％は削除に応じている（グーグル透明性レポート）。グーグルのカウンセルによれば、社内の若手法律家を中心としたチーム（50～100名）においてケースバイケースの判断が迫られているとのことである。

これに対し、アメリカではＥＵとは逆方向で、忘れられる権利よりも表現の自由を選択してきた。アメリカの法学者たちは、真実を知る権利を妨げるとしてＥＵの判決に反対の意見を公表している。検索エンジンという私企業による「検閲」によって、インターネット上における自由な表現への萎縮効果をもたらすことが危惧されている。アメリカでは、検索エンジンが違法な情報を作り出しているわけではなく、情報の中立的な「配布者」にすぎないとみなされてきたため、責任を負わせることが困難である。忘れられる権利は、プライバシーをめぐる欧米の新たな衝突を生み出すであろう。

日本でもグーグルの検索サイト上である人物の氏名を検索すると犯罪を連想する言葉が出てくるとして、検索サイトに関する同様の訴訟が係争中である（２０１６年3月時点）。忘れられる権利について、もし日本の裁判所がＥＵ司法裁判所と異なる態度をとれば、世界共通のインターネット・サービスには、ＥＵ域内で利用する場合は違法であるが、日本では違法ではない、というプライバシー保護の二重の基準が存在することになってしまう。ＥＵでは、日本国内のみで活動している事業者にも、ＥＵ市民にサービスを提供する場合などにはＥＵデータ保護規則を直接適用する「域外適用」の拡大が審議されている点に注意を要する。なお、２０１６年3月4日、グーグル・ヨーロッパは、ヨーロッパにおいて認められてきた忘れられる権利に基づき、「来週から運用を変更することにした」と述べ、すべてのドメインにおいて、本人から求められれば検索結果の非表示の措置を講ずることを公表した（**資料**：削除フォーム参照）。

グーグルをはじめとする検索サイトは、21世紀の偉大な発明であり、地球上の人々に多くの恩恵をもたらした。しかし、どんな発明も完璧なものはない。今回の判決は決して検索サイトそのものの機能を否定したわけではない。忘れられる権利は歴史の完全な消去を意味するものではなく、また今回の判決が示しているとおり、検索エンジンの経済的利益や利用者の情報へのアクセス権などとの「公正な衡量」が要求される。検索エンジンは利用者の信頼の上に成り立つビジネスであり、インターネットの自由な情報流通を最大限尊重すべきであるが、同時に、検索サイトが放置されることで各人のプライバシー権が損なわれてはならない。

忘れられる権利を認め、これを世界に発信するEUを震源とするデジタル・ツナミにどう対応すべきかについて、日本でも改めてプライバシー権を考える時機が到来した。

グーグルの削除フォーム

ⅰ）あなたの申請が適用される法律の該当国

ⅱ）個人情報

検索で使われた氏名、申請者の氏名、代理の場合の氏名、連絡先Eメール

ⅲ）氏名で検索した際の表示される結果のリストから削除を希望する検索結果

各URLにあなたがどのように関係しているか、URLのコンテンツがなぜ違法、不正確、古くなっているかについての理由、本人確認のID（パスポートや政府発行のIDである必要はなく、不必要な情報や写真を削除することが可能、削除要請を受け付け後1か月以内に個人情報は原則削除）

ⅳ）署名

氏名と日付

12 個人データ共有とプライバシー保護
――ヤフーIDとTポイントカード共有

2014年6月、インターネット検索サイトヤフーと国内最大級の会員数を有するTポイントカード運営会社（CCC）が、利用者のウェブ閲覧履歴や商品購入履歴のデータ共有の決定を発表した。報道によれば、ヤフーIDの利用者は約2800万人、Tポイントの利用者は約4900万人である。

このような個人データの共有は、いわゆるビッグデータ・ビジネスであって、利用者の閲覧履歴や商品購入履歴をもとに個人専用にカスタマイズした広告配信や商品案内ができる。一方、利用者にとっても両者のポイントを統合できるというメリットがある。また、2014年4月には、検索サイト・グーグルが、自動化されたシステムで利用者のメールなどのコンテンツの分析を行うことを公表した。この機能にも、カスタマイズ広告の配信などが含まれる。今後、ビッグデータ・ビジネスが普及すれば、個人のメール、閲覧履歴、購入履歴が収集・分析される。

他方で、このような個人データの共有によるビッグデータ・ビジネスは、プライバシーへの脅威となることにも留意すべきである。実際、アメリカではこんな事例が報道された。高校生の娘宛てに送られてきたベビー服を紹介するスーパーのダイレクトメールを父親が受け取り、父親が抗議した。しかし、過去の妊娠者の購入履歴のデータと照らし合わせ、ローションやサプリメントなどの妊娠女性の購入品目から予測したスーパーの分析は正しく，実際その娘が妊娠していたことをスーパーよりも遅れて父親は知ることとなった。

このように，その人の私生活が明るみに出てしまうビッグデータとプライバシー保護に関して，ヤフーとTポイントカードを例に3点ほどまとめる。

第1に，今回のデータ共有は，プライバシー・ポリシーの変更という形で利用者に通知されている。しかし，実際にヤフーとTポイントカードの利用者のうちどれだけの人が実際に個人情報の取扱規約を理解し，同意しているだろうか。ある調査では，平均的な消費者が商品購入やサービス提供に伴うプライバシー・ポリシーを真剣に読むとなると一年間に平均244時間を要することとなる。つまり，消費者はプライバシー・ポリシーをすべて読んでいると想定することは非現実的である。プライバシー・ポリシーの変更のみで個人情報の取扱いを自由に変更できてしまうとすれば，ユーザーへの十分な周知徹底がなくても，企業はどんな情報でも共有することができる。しかし，一方的に利用者に不利益をもたらせば消費者契約法に反する疑いが生じる。本来，個人情報は本人に属するものであり，個人情報を取り扱う事業者は常に利用者に対する透明性の確保と説明責任を負っている。プライバシー・ポリシーの変更時の通知のみならず，その変更は当初の利用目的との関連性が必要であり，利用者の理解が得られるような通知・公表の工夫が要求されよう。

第2に，今回のデータ共有は，情報共有を拒否する者は事後的に情報提供の停止を申し出ることができるという，いわゆるオプト・アウト方式がとられている。しかし，メールの内容や通信履歴は，本来、憲法や電気通信事業法における「通信の秘密」の保障が及び、個人情報保護法の中でも格別の措置を要するセンシティブな情報である。EUではこれらの情報には、オプト・イン、すなわち、事前の本人の明示的な同意がない限りは、情報提供が認められない方式がとられている。実のところ、オプト・インとオプト・アウトのいずれをとるかで結論はほぼみえており、方式の選択は決定的に重要である。ヨーロッパ諸国における臓器移植の例をあげれば、オプト・インによる本人の同意によって臓器移植に登録する場合平均して10％以下の希望登録にとどまるが、オプト・アウトによる事後的な拒否で登録をやめる場合は約90％が登録者として残る。国によってどちらの方式を採用するかで臓器移植の登録者数は大きく異なる。個人情報においても初期設定が重要となってくる。通信履歴などのセンシティブ情報の提供にいずれの方式を要求するかは、各企業に委ねるのではなく、政府による統一的な検討が必要となる。

第3に、大量の個人データの収集・分析は、事後的に新たな用途が発見されることがあり、当初の利用目的以外で個人データが利用されることもあり得る。ビッグデータが二次利用される場合は、異なる利用目的を掲げていた企業が共同利用する場合に、プライバシー侵害の可能性が高まる。利用目的の一方的な変更は、本人の個人情報を無断で提供することと変わらないため、これまでの主務大臣による勧告や助言でも違反例がみられた。

アメリカでは、4月、SNSの大手2社によるデータ共有について、本人の明示的な同意がない限り、それぞれ異なるビジネスモデルのSNSの個人情報を統合することは当初の利用目的を超えており、データ共有は認められないとする連邦取引委員会による通知が出された。

またEUでは、個人情報の二次利用が特に問題視され、利用目的の制限が厳格に解釈されており、当初の利用目的と両立不可能な利用は禁止される。たとえば、当初、店頭でのみ有機野菜を購入していたが、後にオンライン販売を勧誘し、購入履歴等を分析してカイスタマイズ化を行い、購入者のパソコンの種類（アップル製・ウインドウズ製）を自動的に判別してこの購入者のパソコンでディスカウント広告を配信することは当初の利用目的と両立可能とはみなされない。顧客の有機野菜の購入という当初目的とパソコンの利用種類の判別という後の目的は整合しないと解釈されているためである。事後的な利用目的の変更には、原則として本人の同意が必要となる。これらの事例は、日本でも参考になる。

個人情報の利活用によるビッグデータ・ビジネスは日本の成長にとって重要であり、これを促進すべきことに大きな異論はない。しかし、成長を口実にして、本人が知らないところで個人情報を売買されるようでは、真の意味での成長とは呼べない。日本の「成長」には、各人のプライバシーを尊重し、個人情報を適切に取り扱うという日本の「品格」が問われている。

13 ベネッセ大規模個人情報漏えい
――名簿業者の取締りは可能か

2014年7月9日、ベネッセは約760万人の顧客情報を漏えいしたことを発表した。データベースに保管されている情報の件数から推定すると、最大約2070万件、すなわち日本人の6人に1人の個人情報が漏えいした可能性があると公表した。さらに、子どもの個人情報を売買する名簿業者3社の問題も指摘された。個人情報漏えい事故調査委員会による調査結果（2014年9月）によれば、業務委託先の元社員がクライアント情報を保存したPC内に保存した顧客等の個人情報を、USBケーブルを用いて自分のスマートフォンに転送し、その内蔵メモリに保存して、ベネッセの顧客等の個人情報を不正に領得した。元社員は約2億1639万件の顧客等の個人情報を記録して名簿業者への売却行為に備えていた。経済産業省は2014年9月、個人情報保護法に基づき、委託先も含めた実施体制の明確化と情報セキュリティ対策の具体化を行うよう勧告を行った。

また、消費者庁は2016年3月に、ベネッセ事件を受けて、「名簿販売事業者における個人情報の提供等に関する実態調査」を公表した。その調査によれば、データベース化された個人情報は、重複も含めるとおおむね6000万～1億件強を有しており、中には3億件程度保有している事業者もある。名簿業者の中には、富裕層、公務員、退職者、医療関係者等のリストをあらかじめ作成し電子ファイルで提供しているところもある。名簿屋コンパイルデータの提供単価は、1件あたり10～15円程度が相場とされている。提供先の主な業種は、不動産会社、コンサルティング会社、テレマーケティング会社、健康食品、化粧品、宝飾品販売会社などとなっている。

このような名簿業者の実態を含め、以下、ベネッセで個人情報の漏えいが生じた原因を検討し、再発防止策や名簿業者の取締り、そして、消費者の救済といった点について考えてみる。

第1に、なぜベネッセでこれほどまでの大規模な個人情報の漏えいが起きたのか。報道でも指摘されているとおり、ベネッセが個人情報の処理を委託・再委託した先から漏えいしている。実務において、大量の個人情報漏えいの典型例は委託先からである。委託先、あるいは許可のない再委託先に個人情報の処理が任せられると、委託先の規模は多くの場合小さいため、リスク管理が甘くなり、漏えいの可能性が高まる。しかし、個人情報保護法は委託先の監督責任を定めており、ベネッセは委託先からの漏えいであっても、たとえ自社の社員による漏えいではないとしても、責任を逃れることはできない。

第2に、今回の漏えいでは、会員数をはるかに超える個人情報を保有していたことも問題とされ得る。報道によれば会員数は365万人であるが、データベースに蓄積された情報の数は2070万人にも及ぶ。個人情報保護法は、利用目的に必要な範囲でしか個人情報の取扱いを認めていない。会員をやめた者の個人情報の保有は、利用目的を超えており、違法である。仮に利用目的の範囲内で継続的に勧誘するため、元会員の同意を得て、過去の会員情報を保存しておくとしても、現在の会員とは別のデータベースに保存するなどの工夫も必要である。個人情報を一元的に管理すると、ひとたびそのデータベースが侵入されると大量の個人情報が一度に漏えいしてしまうが、現在の会員と過去の会員を分散管理すれば、漏えいしたとしても被害は最小限にとどめられる。

今回の個人情報の漏えい問題の背景には、個人情報を売買する名簿業者の問題がある。個人情報保護法では、いわゆるオプト・アウト方式、すなわち、本人が申し出れば事後的に名簿業者は個人情報を削除しなければならない。しかし、消費者は通常、自分の個人情報がどの名簿業者で売買されているのかを知らない。筆者も内閣府で個人情報保護の担当官をしていた際に名簿業者の取締りについて検討したが、単純に個人情報を売買するものから、同窓会名簿作成や企業のダイレクトマーケティングを補助するものまであり、一筋縄ではいかない。

ではどうすればよいか。まず適法な名簿の作成・売買を行いたければ、本人に通知し、同意を取得すればよい。仮に同意がないのであれば、正当な処理であることを立証するため、個人情報の売買をする際、名簿業者に個人情報の取得元を開示するとともに、個人情報売買の適法性を説明する責任を負わせるべきであろう。さらに、不透明な個人情報の売買をする名簿業者には、法執行権限を有する個人情報保護委員会による、報告徴収や立ち入り検査も実施すべきである。このように、名簿業者に個人情報の処理について対外的な説明責任を負わせることで、不透明な個人情報の取扱いをチェックし、消費者に自分の情報を削除する機会を与えることが適当である。この点について、２０１５年の個人情報保護法改正により、今後、事業者はトレーサビリティの確保が求められることとなった。すなわち、個人情報の第三者提供をしたときには、提供した年月日、第三者の氏名・名称などの記録を作成・保存しなければならない。もしも違法な個人情報の売買があれば、自己・第三者の不正な利益を図る目的でデータベース等を提供・盗用したときは、個人情報データベース提供罪が新設されており、処罰の対象となる。

個人情報を受け取る側もトレーサビリティの確保が必要であり注意が必要である。今回の事件を受け、２０１４年12月、経済産業省ガイドラインも改正された。個人情報を受け取る側においても、取得の経緯を示す契約書等の書面を点検し、個人情報が適法に取得されたことが確認できない場合、不正な手段により取得されたものである可能性があるため、その取得を自粛することを呼び掛けている。法改正により、受け取る側も第三者の氏名・名称等とデータ取得の経緯を確認し、記録を作成・保存しなければならない。

最後に、個人情報漏えいの被害者となった消費者救済についてである。まず、二次被害の防止が肝要だ。今回のように「不正に取得された情報」が売買されたことが報道などで明らかになった場合、購入した名簿業者や企業は皆、即座に個人情報の削除義務を負う。ただしオプト・アウト方式のため、削除するには消費者が自ら申し出なければならない。これを周知することも重要だ。

被害者は、金銭賠償を求めることもでき、単純な個人情報の漏えいの慰謝料の相場は各人につき５０００円～１万円であり、２００９年に三菱ＵＦＪ証券元社員が名簿業者に個人情報を売買した事件では１万円の商品券を補償した。個々の消費者に訴訟を提起させるのは現実的でなく、消費者団体をつくり集団訴訟による救済の途が開かれてもよいように思われる。大量の個人情報の漏えいをしたべネッセは、社会的信頼を失うのみならず、顧客への補償金として200億円を用意することとなった。

この事件は、大量の個人情報の漏えいが企業の経営を揺るがしてしまうほどの事態に陥らせるという事実を明らかにした。ベネッセは、主務大臣として指定された経済産業大臣の下、改善報告書を提出した。社内に個人情報管理の責任者と顧客データ管理部を設置するなど迅速な対応は評価できる。また、この事件を受け独立行政法人情報処理推進機構も2014年9月に「組織における内部不正防止ガイドライン」を改正した。そこでも、経営層によるリーダーシップ強化や総括責任者の任命などが示されており、企業における情報セキュリティの位置づけが指摘されている。EUでは、データ保護規則の中で、社内に役員等の経営層のレベルで個人情報保護の担当者を配置することを義務付けており、ベネッセの対応は適切である。漏えいなどの事故に備え、個人情報保護の専門家が直接社内の経営層に対応を進言できる立場にある必要がある。個人情報が漏えいしてから事後的に賠償金を支払うくらいであれば、事前に必要なリソースの配分を行い対外的な説明責任を図っていくことが重要となる。

この事件を教訓にして、委託先を含めた万全の態勢で個人情報を保護することの重要性を認識する必要がある。

⑭ 日本の「忘れられる権利」のゆくえ
——検索サイト上の個人情報削除要請

検索サイト「ヤフージャパン」で自分の名前を検索すると過去の逮捕記事が表示され、名誉を傷つけられたとして、男性がヤフーに対し表示差止めなどを求めていた訴訟の判決で、2014年8月7日京都地裁は、プライバシー権侵害を認めず、男性側の請求を棄却した。この男性は京都府迷惑行為防止条例違反（盗撮）で逮捕され、有罪判決が確定していた。判決では、検索結果が示すのは、関連記事が載っているウェブサイトの所在などであって逮捕事実自体ではないこと、また小型カメラで盗撮したという特殊な犯罪で社会的関心も高く、逮捕から1年半しか経過しておらず公共の利害に関する事実であり、違法ではないと指摘された。

2013年にも、ある男性がグーグルで氏名を検索すると犯罪を連想する言葉が表示されるとして訴訟を提起し、東京地裁は検索表示の違法性を認めたが、2014年には東京高裁は違法ではないと結論付けた。これらの事件をはじめ、最高裁判所の判断が待たれているところである（2016年3月現在）。このほかにも検索エンジンから結果の削除を求める訴訟が提起されてきた。

こうした一連の訴訟は、すでにEUで認められてきた「忘れられる権利」（⑪参照）の是非を問うものである。実際、さいたま地裁の判決（2015年12月22日）では、過去に児童売春・ポルノ禁止法違反（買春）で逮捕されたとの報道が表示されるとして検索結果の削除を求めた訴訟で、「ある程

忘れられる権利に関する訴訟一覧（2016年３月時点）

平成22年２月18日東京地裁判決	削除不要	医師である原告が、インターネット上で検索サービスを運営する被告に対し、当該検索サービスの検索結果の表示によって原告の名誉を毀損するウェブページの閲覧が容易になっているなどとして、人格権に基づき、その検索結果の表示の削除を求めるとともに、不法行為に基づき、慰謝料の支払を求めた事案
平成23年12月21日東京地裁判決	削除不要	第三者が運営するウェブサイトにおける掲示板の書き込みについて、検索エンジンでその記載への検索がされることの差止めを求めた事案
平成24年３月19日東京地裁仮処分決定、平成25年４月15日東京地裁判決（第一審）、平成26年１月15日東京高裁判決（控訴審判決）	削除命令（仮処分・一審）削除不要（控訴審）	グーグルのサジェスト機能により、原告と犯罪行為を連想させる単語が検索候補の１つとして自動的に表示され、削除の差止めを求めた事案（上告中）
平成26年８月７日京都地裁（第一審）、平成27年２月18日（控訴審判決）	削除不要	原告がサンダルに仕掛けた小型カメラで女性を盗撮して逮捕された事件で、ヤフーに対し検索結果の削除を求めたが削除不要とされた事案（上告中）
平成26年10月９日東京地裁仮処分決定	削除命令	過去に不良グループに所属していた個人が、その事実をグーグル検索結果で表示されることに対し、個人データの削除仮処分の事案（グーグルが起訴命令申立て）
平成27年５月８日東京地裁仮処分決定	削除命令	現役の歯科医が５年以上前に資格のない者に一部の診療行為をさせた疑いで逮捕歴（罰金）があったことが分かるとして、グーグルに検索結果の削除を求めた仮処分決定で削除を命じた事案
平成27年６月25日さいたま地裁仮処分決定・平成27年12月22日さいたま地裁決定	削除命令	３年半前の犯罪報道につき、グーグルの検索結果から削除を求めた事案であり、判決では「忘れられる権利」という言葉が用いられた事案
平成27年11月28日東京地裁仮処分決定	削除命令	10年前後が過ぎても振り込め詐欺による逮捕歴（執行猶予付きの有罪判決）が分かるとして原告がグーグルの検索結果の削除を求めた仮処分決定で表示を消すよう決定を出した事案
平成27年12月１日東京地裁仮処分決定	削除不要	原告が反社会的集団との関係が表示されるためヤフーに検索結果の削除を求めた仮処分決定で削除不要との判断を示した事案
平成27年12月７日札幌地裁仮処分決定	削除命令	12年前に逮捕されたことが検索結果で表示されたため削除を求めた仮処分決定で、「原告の犯罪経歴をネット上で明らかにする利益が、これを公表されない法的利益を上回っているとはいえない」と判断した事案

度の期間が経過した後は過去の犯罪を社会から『忘れられる権利』を有する」として、裁判所が「忘れられる権利」を認めている。忘れられる権利は、過去の個人情報の再公表の防止によって私生活の平穏が不当に干渉されることを防ぐことを求め、情報の拡散をされない権利である。具体的には、インターネット上で拡散された、かつての借金による競売、ＤＶ被害による別居後の住所、さらに過去の恋人の裸の写真などが主な対象となる。検索サイトに表示されることで、忘れたい過去が半永続的にウェブ上に記憶され、容易に検索されることで生じる新たな法的課題である。

ＥＵにおいては、２０１２年に忘れられる権利の法制化が提唱され、２０１４年5月には欧州司法裁判所の判決において、私人に対して、「本来の目的からみて、不適切で、関連性がなく、もはや無関係で、過度な情報」については、検索サイトからの表示を削除する権利を認定した。

しかし、忘れられる権利については、さしあたり次の3点について留意する必要がある。第１に、この権利は、インターネット上の情報流通を支える表現の自由が保障する「知る権利」という基本的自由と緊張関係にある。ある人にとって不都合な情報でも、社会全体としてみれば公表に資する情報があり、単にその人に不都合だからという理由のみで情報を削除したり遮断することは、検索サイト会社による「検閲」にほかならない。忘れられたい情報と公表すべき情報はコインの表裏の関係にあり、表現の自由もプライバシー権もいずれも重要な価値であり、比較衡量が求められる。

そして、仮に表現の自由とプライバシー権との調整が図られた上で、情報の削除が認められたとしても、具体的な削除の要件が問題となる。日本の最高裁の先例（平成6年2月8日）には、前科にかかわる事実が書かれた小説の公表が争われた事件で、「その者のその後の生活状況のみならず、事件それ自体の歴史的又は社会的な意義、その当事者の重要性、その者の社会的活動及びその影響力について、その著作物の目的、性格等に照らした実名使用の意義及び必要性をも併せて判断すべき」という枠組みを示したものがあり、本件でも手掛かりとなる。しかし、この最高裁の判断枠組みはインターネットの世界を前提としていないため、検索サイトの性質を考慮した判断基準が必要となる。

そこで、第2に、忘れられる権利は、従来のメディアと異なり、検索サイトの特徴から情報の拡散防止という点に力点が置かれる。すなわち、忘れられる権利は、もともとの新聞記事の削除を求めているのではなく、検索サイトにおける一定の個人情報の「検索結果の表示」の中止のみを求めている。したがって、依然として新聞社のウェブサイトなどインターネット上のどこかに個人情報や元の記事は残されていることになる。その意味で、少なくともEUの判決に従えば、忘れられる権利は情報の拡散力がある検索サイト上においてのみ、一定の個人情報の表示をされない権利としての効力を有するに過ぎない。冒頭の対ヤフーの事案で、京都地裁判決は、検索サイトが複数のウェブサイトの所在を表示しているにすぎないという理由で男性の請求を棄却したが、そもそも忘れられる権利は検索結果の表示自体を標的としていることを忘れてはならない。

さらに、忘れられる権利を実現するために、検索エンジンに対する法的責任をどのように理解するべきか。「検索エンジンの公共的役割ないし情報の『媒介者』としての中立的性格や検索結果を表示する意義ないし必要性を踏まえても、受忍限度を超える権利侵害にあたる一部の検索結果のみを削除することは…検索エンジンの公共的役割が損なわれるとはいえない」（さいたま地裁平成27年6月25日決定）と、検索エンジンの責任を肯定する裁判例もみられる。他方で、「検索サービスの運営者は、検索サービスの性質上、原則として、検索結果として表示されるウェブページの内容や違法性の有無について判断すべき立場にはないこと」（東京地判平成22年2月18日）を強調する裁判例もみられる。忘れられる権利に対応した検索エンジンの法的責任が定まっているわけではない（裁判例一覧表参照）。

このような中、２０１５年3月30日、ヤフー・ジャパンがユーザーからの削除要請に対応するため、検索サイトにおける削除基準を有識者会議でまとめ、報告書と今後の対応方針を公表した。２月6日、グーグルは、欧州において同様に削除要請に対応するための基準をやはり報告書の形で公表していた。ヤフーが公表した削除基準のポイントをみると、①権利侵害がリンク先のページの表示自体から明白で、かつ、②権利侵害に重大性又は非表示とする緊急性が認められる場合に、検索サイト上から関連語句の非表示措置をとるという。

情報の「性質」の観点から考えると、具体的には、性的な動画像・病歴・前科・懲戒処分などの掲載によるプライバシー侵害のケースが明記され、未成年者の情報には特に細心の注意が必要であるが、公人や法人に対しては原則として削除要請を認めるべきではない。

一方、ヤフーの報告書には示されていないが、情報の「発信元」は、グーグルの報告書では注意深く検討されており、重要な判断要素である。これは配信サービスの抗弁の法理と呼ばれ、表現の自由を保障するため、新聞社がニュース配信通信社からの記事をそのまま掲載しても、報道主体の一体性があれば名誉毀損の責任は免除されるという法理である。すなわち、報道目的で報道機関がニュースを転送しても表現の自由として保障される。しかし、報道機関とは無関係な一般の私人がインターネット上に書き込んだ個人情報については、同様の法理が適用されるかどうかについては不確定であり、発信元によって判断も異なり得る。さらに、「時の経過」である。削除要請については、時の経過は、公訴時効や特別法の時効が一つの目安となろう。

このように、ヤフーとグーグルの削除基準には共通点もみられるが、相違点もある。ＥＵでは司法裁判所の判決以降、１年間で約90万件の個人情報の削除要請が検索サイトにきており、日本でも東京地裁ではインターネット上の削除の仮処分申立件数がここ数年で倍増している。このような動向を受けて、日本の国会でも「政府としては、欧州を始めとする国際的な議論の動向を見守っていきたいと考えています」という姿勢が示されている（参議院予算委員会２０１５年３月27日・安倍晋三内閣総理大臣答弁、参議院本会議２０１５年５月22日・上川陽子法務大臣答弁参照）。表現の自由とプライバシー権という健全な民主社会の根幹を成す価値の調整を検索サイト会社に委ねるのではなく、立法による手当てと司法による具体的な判断枠組みの蓄積が求められている。

忘れられる権利は、国境を越える共通の課題であり、日本でも法制化を検討すべき時期にきた。

15 iCloud からの米女優写真流出事件 ——クラウドのプライバシー保護

アメリカでアップル社のクラウドサービス「iCloud」がハッキングされ、アカデミー賞を受賞した女優やモデルなどのヌードを含むプライベートな写真が流出したことが報道された。アップル社の調査によれば、今回のハッキングは技術的な脆弱《ぜいじゃく》性によるものではなく、女優たちのＩＤとパスワードが狙われてサイバー攻撃されたことによる。

クラウド・コンピューティングは、データをサーバー上に蓄積し、いつでもアクセスすることができる。アップル社の iCloud は、ひとたび設定すれば、連絡先、メール、写真等が自動的に同期される。Ｗｅｂメールやオンラインショッピングなどで広く利用されており、データを持ち歩く必要がなく非常に便利である。

しかし、クラウドは、その名のとおり、データが共有プールの雲の中に蓄積されているため、自らのパソコンの中にあるデータを他者に管理してもらっているようなものである。また、どこの国の法律が適用されるのか、データがどのように管理されているかという透明性確保の観点から問題が指摘されてきた。

このようなクラウドを利用したサービスの情報漏えい事件は様々な原因によって日本が関わる事例も起きている。たとえば、環境省では２０１３年にジュネーブで開催された水銀条約の制定に向けた政府間交渉の委員会で条約交渉担当者間の Google Group のメールが公開設定になっており、一般に閲覧可能な状況にあった。

以下、クラウドの情報セキュリティの留意点を指摘する。

第1に、クラウドのハッキングに対する企業の情報セキュリティの向上が何よりも重要である。サイバー攻撃には、ターゲットにメールを送り付けてウイルス感染させて情報を入手する方法やウェブサイトを改ざんしてウイルス感染させる方法などがある。企業としては、情報処理推進機構などが公表する最新ウイルスを定期的にチェックし、企業の機密情報と同様に顧客の個人情報が盗み取られないよう技術的な措置を講じなければならない。同時にユーザーに対し、各企業は広くパスワード更新を呼びかけていくことも必要となる。日本でも、近年インターネットバンキングの不正送金を狙ったサイバー攻撃が多発しており、２０１３年には１３００件以上発生し、被害額が14億円を超えた。企業として情報セキュリティへのコストは、万一漏えいした場合の損失をあらかじめ考慮して万全を期すべきである。

第2に、情報セキュリティという点では、ユーザー側にも責任がある。今回の iCloud の事件では、被害にあった女優たちのパスワードが推測されやすい状態だった点が指摘されている。近時、ＳＮＳのＩＤ乗っ取りも報告されており、２０１３年の日本のパスワードリスト攻撃の被害は80万件に及ぶ。また、多くのユーザーが複数のサービスで同じＩＤとパスワードを使いまわしており、一度不正にＩＤとパスワードが入手されると関連するサービスも攻撃を受けてしまう。ユーザー側もＩＤとパスワードの不正な攻撃があることを認識し、複雑なパスワードの利用、さらにサービスごとにパスワードを変更するなどの自衛策が必要となる。

第3に、事後的な対応として、不正にアクセスされて漏えいされたような個人情報については、本人による「忘れられる権利」が認められるべきである。この事件も明らかに不適切なプライバシー情報の流出であり、拡散防止のため、検索サイトの側は検索結果から迅速に削除するなどの対応が望ましい。アメリカのカリフォルニア州では、未成年者の不適切な写真などの投稿については本人の申し出により削除が認められる立法が整備された。今後不正アクセスによって漏えいした個人情報についても、情報の削除と拡散防止に向けた対応を検討すべきである。

第4に、サイバー攻撃に関する現状やクラウド利用に関する留意点を広くユーザーに認識してもらうための情報リテラシーの向上が何よりも重要である。今回の情報漏えいなどの具体的な事例をもとに、企業のみならずユーザーも個人情報保護への意識を高める必要がある。今や小中学生でもスマートフォンでクラウドを利用している以上、小中学校の段階における情報セキュリティの教育も必要である。

クラウドの利用は、従来の個人情報の管理作法の延長上にあり、特に危険であるとして過剰反応すべきではない。他方で、クラウド上の個人情報が漏えいした実例（2012年には31件（「クラウド事業者のインシデント実態」平成24年度経済産業省委託調査））にも注意を払うべきである。個人情報保護委員会は、マイナンバーをその内容に含む電子データをクラウドサービスを用いて取り扱う場合は委託としてみなされることを示している（特定個人情報の適正な取扱いに関するガイドライン（事業者編）に関するQ&A3-12平成27年4月更新）。サイバーセキュリティ経営ガイドラインVer.1.0（経済産業省・情報処理推進機構・平成27年12月）では、クラウドサービスを含む情報サービスについて「サイバーセキュリティは経営問題」であることを指摘し、多層防御の導入や情報資産別のネットワークの分離などの対策例を示している。2014年7月には国際標準化機構がクラウドサービスにおける個人識別情報の保護に関するガイドラインを公表し、国境を越えてセキュリティの基本原則を定め、リスク分析とその対処を定めている。韓国では、2015年5月のクラウドコンピューティングの推進と利用者の保護に関する法律を制定し、セキュリティとプライバシー保護を義務づけている。

政府は、サイバーセキュリティ基本法を制定し、サイバーセキュリティ戦略（2015年9月4日）では、今後中小企業などに対してクラウドサービスを含む情報サービスについてセキュリティ監査などの普及を促進させることを示している。サイバーセキュリティの人材育成を含め必要な支援を行っていく必要もある。個人が気軽に利用しているクラウドサービスだからこそ、ユーザー自身が情報セキュリティの意識向上を図っていくことが何よりも重要である。

16 遺伝情報ビジネスとプライバシー保護——究極の個人情報をいかに守るか

遺伝情報は、個人の遺伝的特徴及び体質を示す情報であり、親子関係の判定や特定の病気へのリスクを調べることができる。2013年5月、アメリカの女優アンジェリーナ・ジョリーが乳がんになるリスクが高い遺伝子変異が見つかったため、乳房切除手術を受けたことは注目を集めた。

現在、遺伝情報を使ったビジネスが広がりを見せている。自分の唾液《だえき》を遺伝子解析の企業に送付すると、自宅で病気のリスク判定を知ることができる。子どもが習い事をする前に、一定の才能を見極めるために利用される例もある。肌老化・肥満・ダイエット対策などをうたうインターネット販売で、5000円程度から遺伝子検査キットを購入できる。ヤフーやDeNAなど700の事業者が遺伝情報の解析ビジネスに乗り出した。今後、こうしたビジネスが進めば、ライフスタイルの見直しによる生活習慣病の克服や健康維持の促進にもつながることが期待できる。

遺伝情報とは、個人から提供された試料（唾液）・情報（家族構成など）を用いてヒトゲノム・遺伝子解析により得られた情報又はその個人の子孫に受け継がれ得る情報を指す。遺伝子に関する情報はその個人のみに帰属するものではなく、子孫にまで影響を及ぼす。あるいは就職や保険加入の際の差別に使われるおそれもあり、単純な個人情報の取扱いとは異なる規制が必要となる。

このような遺伝情報の利用は現代だけの話ではない。かつてユダヤ人の絶滅を企て、ドイツ民族の品種改良の御旗を掲げたナチスの優生政策はまさに、遺伝情報の悪用の最たる例である。また、アメリカでも、劣等人種の移民を防ぐためとして、断種法により「不適格」とみなした者の強制的な断種手術が行われるなどしてきた。

アメリカでは、遺伝情報をもとに病気の危険のある遺伝子を持つ者には医療保険の加入拒否や高額な保険料請求などの事例が報告されており、遺伝情報差別禁止法が２００８年に成立した。この法律の制定後にも、アメリカでは疫学研究を目的とした医療データの売買行為は「表現の自由」として保障されることが２０１１年の連邦最高裁判決（Sorrell v. IMS Health）でも認められており、データブローカーを通じた遺伝情報の売買が問題視されてきた。遺伝情報はその利用の仕方しだいでは差別と偏見の温床となりかねない。

日本では、２０１６年1月、厚生労働省は「改正個人情報保護法におけるゲノムデータ等の取扱いについて」を公表した。その中でも、ゲノム医療への期待とともに、「ゲノム情報に基づく差別の防止」や「データ管理、二次利用」について注意喚起がされている。ゲノムデータは、多様で技術の進展に変化し得るものであるとしても、基本的には「個人識別符号」に該当し、さらに格別の措置を講ずるべき「要配慮個人情報」に該当する場合があると整理されている。そこで、遺伝子に関する情報のビジネスを展開するにあたり留意すべき点について指摘する。

第1に、遺伝子に関する情報の収集と利用については、インフォームド・コンセントの徹底が必要である。こうした情報は専門家のみが識別し得るような情報であり、本人はその情報が持つ重大性を必ずしも理解していないことがある。したがって、事前の十分な説明の下、本人の自由な意思に基づく書面による同意があった場合にのみ、遺伝情報の取扱いが認められるべきである（オプト・イン方式）。遺伝情報の機微性を考慮すれば、プライバシー・ポリシーを読むことのみを条件とするような黙示の同意や、事後的な同意の撤回によって遺伝情報の提供を取りやめるオプト・アウト方式は禁止されるべきである。

第2に、複数の企業間で遺伝子に関する情報をビジネス目的で利用する場合、匿名化措置が図られるべきである。そもそも各人の遺伝情報は各人に帰属しており、究極の個人情報を、無断でビジネス目的で第三者に開示・提供することはプライバシー権の核心を侵すものといわざるを得ない。匿名化され、再識別化のない形で遺伝情報が解析されてこそ遺伝情報ビジネスが成り立つ。学術研究目的で利用する場合にも特定の個人を識別する必要性はなく、匿名化措置を施した上で研究利用すべきことは同様である。

なお、匿名化措置といっても、少数の母体からサンプルをとって研究する場合、特定の個人が識別あるいは再識別できてしまうため、再識別ができないような匿名化のための具体的な要件についても今後検討が必要となる。アメリカで問題とされている医療データの事例の多くは、患者のプライバシー保護の観点から氏名などを削除した上で医療データを売買しているが、データマイニングにより、現実には他の個人情報を照合することで再識別化を行っている。

第3に、遺伝子に関する情報の厳格な管理と適正な利用を定めたガイドラインの遵守が必要である。すでに「ヒトゲノム・遺伝子解析研究に関する倫理指針」が公表されているが、同指針を遵守できる内部コンプライアンス体制の構築は必須である。また、今後は、ガイドラインによる「望ましい」という規定ではなく、遺伝情報を対象とした特別法による禁止事項の列挙も検討するべきであろう。

2013年11月には、遺伝子や染色体の異常を調べる受精卵診断を行っている医療機関の3施設で、患者の遺伝情報を閲覧制限していないなどの管理体制の不十分さが厚生労働省の調査で指摘された。万一このような施設で情報漏えいが生じた場合は、取り返しのつかない損害を本人とその子孫に及ぼしかねない。フランスでは遺伝子に関する情報を新たに取り扱う医療機関やビジネスには、データ保護監督機関による事前の認可制を採用している。日本でも管理体制と情報利用の適正さをチェックする目的で、遺伝子ビジネスを実施する場合は、個人情報保護委員会による認可制度の導入も検討するべきであろう。

遺伝情報ビジネスの成功は、個人に関する情報が厳格に保護されるという信頼構築が前提である。

17 感染症とプライバシー
――エボラ出血熱感染者にプライバシーはあるか

２０１６年に入り、ジカ熱に注目が集まっている。ここでは、２０１４年に猛威をふるったエボラ熱の事例から、感染症とプライバシーについて考える。

２０１４年10月から11月にかけてエボラ出血熱（以下「エボラ熱」）の感染があり得るとされた日本人患者の報道があったが、いずれも陰性であった。厚生労働省はすでに２０１４年8月にエボラ熱への対応のあり方を公表しており、保健所、都道府県、厚生労働省、国立感染症研究所からの情報提供と対応フローを示してきた。厚生労働省は感染の疑いがある段階で事実を迅速に公表し、水際で感染を防ぐ姿勢を見せてきた。

しかし、エボラ熱の感染の疑いがある患者や、実際に感染した患者の個人情報保護のあり方と情報共有については課題が残されている。アメリカではダラスの病院でエボラウイルス感染者の氏名や顔写真が公表され、この是非をめぐり患者にプライバシーがあるか否か議論されてきた。筆者は、ダラス在住のプライバシー保護の専門家に直接今回の事件について話を聴くことができたが、アメリカでも感染者が誰かを知る権利があると主張する立場と、患者のプライバシーを守るべきであるという見解が鋭く対立している、とのことである。そして、当時エボラ熱の感染問題では多くの市民がパニックに陥り、プライバシー保護の問題に冷静に向き合うことができず、事実を知る権利が優先するという結果になった。

そこで、エボラウイルスはもちろんのこと、他の感染症についても、日本で感染者が出た場合に共通するプライバシー保護のための留意事項について冷静に考えてみたい。

第1に、どんな患者にもプライバシーは守られるべきである。エボラ感染については、年代・性別・利用した航空便等を迅速に公表し、ほかに感染の疑いのある者に早急に注意を喚起をすることが重要である。しかし、仮にエボラ感染者が発覚しても、氏名を公表する必要性はどこにもない。事実を正確に知る権利があるとしても、氏名を公表することで感染拡大の防止にはつながらない。失うものは患者とその家族のプライバシーだけである。2014年11月には改正感染症法が成立し、都道府県が、本人の同意がなくても検査に必要な血液などの採取を医療機関に要請できるようになった。今後、医療関係者は、特定の患者が識別されないようプライバシーを最大限尊重した上で、事実を迅速に公表し、関係機関で情報共有することが求められる。

また、感染者と同じ便を利用した航空機の乗客については、国土交通省が情報提供の責任を有していることから、厚生労働省との情報共有の連携についてもあらかじめ基準を明確にしておく必要がある。2014年10~11月の日本人の感染が疑われた事例では、感染の疑いがある段階で、ロンドン発の全日空278便の乗客にエボラ熱の疑いありとの事実を公表しており、それが特定の患者のプライバシーを侵害するものでない以上、適切な判断であったというべきであろう。個人情報保護法では、公衆衛生の向上目的で、本人の同意を得ることが困難なときには、あるいは行政機関等では相当な理由のあるときには、関係者間で個人情報を共有することが認められている。

　第2に、会社などにおいて従業員の健康維持を心掛けることは重要であっても、一定の感染症があることをもって差別することはプライバシー侵害となる。必ずしも仕事に影響が出ないにもかかわらず、一定の感染症のみを理由に雇用を拒否する差別は認められない。

　実際、HIV感染を理由とする解雇は社会的相当性の範囲を逸脱した違法行為であるとして無効とし、会社がHIV感染の情報をみだりに第三者に漏えいすることはプライバシー権の侵害として違法となることを認めた判決（東京地判平成7年3月30日）や、本人に無断で行った肝炎検査でB型肝炎ウイルス感染が判明し、これを理由に採用内定の取消しをしたことが同様にプライバシー権侵害となるとした判決（東京地判平成15年6月20日）などがある。エボラ熱についても、アフリカへの渡航履歴があるからといって、その事実のみで職場での正当な理由のない差別は当然許されない。

　第3に、メディアの見識ある判断と市民の感染者に対する受け止め方も重要である。デング熱について、芸能人の感染が報道されたが、芸能人は純粋な私人ではないにせよ個人を特定した報道まで必要だったか疑問も残る。また、今回のエボラ熱感染の疑いがあった男性については、さっそくインターネット上で誹謗中傷する書き込みがあることが問題とされている。感染の疑いのある患者にとってみれば、命にかかわる話である。結果としてこの男性は陰性であり、感染を前提に誹謗中傷すれば、名誉毀損となる可能性も否定できない。感染症の疑いを理由とした個人情報の不必要な開示は感染症の拡大防止にはつながらない。

厚生労働省は、エボラウイルスが空気感染しないことを示しており、市民もまたエボラ熱に対する正確な知識をもち、適切な対応を心掛けることを呼びかけている。同時に、感染した患者に対するプライバシー保護の環境も改めて考えていくべきである。

⑱ モノのインターネット（ＩｏＴ）とプライバシー
――不安感にどう対応するか？

モノのインターネット（IoT: Internet of Things）という言葉が注目を集めている。私たちの日常生活の多くのモノがインターネットに接続されつつある。たとえば、自動車に搭載されたセンサーにより交通渋滞を緩和したり、各家庭へのスマートメーター導入により電力消費の削減が期待できる。こうしたサービスは、ユーザーの車の位置や使用電力などの情報を企業側に集約し、これを使って提供されている。さらに軍事目的の無人航空機が遠隔操作で上空から人の行動を偵察するために利用されている例もすでにある。

このようなモノのインターネットは新しい技術ではなく、商品の追跡や食材のトレーサビリティのためのＩＣタグのＲＦＩＤなどでは以前からも利用されてきた。しかし、近時、改めて注目されている背景には、その利用用途が日常生活に浸透していることがあげられる。近時では、ウェアラブルデバイスといわれる体に装着するメガネ、腕時計、リストバンド、さらに指輪までもがインターネットと接続される商品として次々と開発されている。

他方で、身近なモノがインターネットに接続されることで、常時個人情報が収集・蓄積され、同時に分析の対象となっている。ここにモノのインターネットがもたらすプライバシーの危険がある。話題となったグーグル・グラスは、センサーで接続されたメガネから検索・写真撮影などができる装置で、プライバシー侵害の問題が生じ得る。2013年6月には、カナダなどのプライバシー監督機関がグーグル・グラスの利用によるプライバシー侵害への懸念を表明し、各国で共同調査に当たることを公表している。このように、モノのインターネットは利用者やその周囲の者への周知が不十分であり、知らないところで接続されたモノを通じてデータが移転されることで、プライバシー侵害の問題が生じてきている。

そこで、まず重要なのは、モノのインターネットを通じてどのような目的でどのような個人情報が収集されているかについての周知徹底である。この点については、プライバシー・ポリシーなどの解説や説明で個人情報の取扱いを詳細に記述されるのが一般的である。しかし、ユーザーが様々なサービスのプライバシー・ポリシーをすべて読むには、平均して年間約244時間＝30日分の労働時間を要するという報告もあり、非現実的である。

そこで、詳細なプライバシー・ポリシーとは別に、個々のサービスについて簡潔で分かりやすいプライバシーの表示（たとえば、位置情報の収集をオンにするか、オフにするかの表示）が求められる。「個人情報の保護に関する法律についての経済産業分野を対象とするガイドライン」（平成26年12月12日厚生労働省・経済産業省告示第4号）では、①提供するサービスの概要、②取得する個人情報と取得の方法、③個人情報の利用目的、④個人情報や個人情報を加工したデータの第三者への提供の有無及び提供先、⑤消費者等本人による個人情報の提供の停止の可否、訂正及びその方法、⑥問合せ先、⑦保存期間、廃棄について、分かりやすく説明することを要請しており、参考になる。

次に、リスク評価の実施による透明性の確保である。プライバシー侵害への漠然とした不安感があるからといって、モノのインターネットの発展を阻害するのは望ましくない。そこで、どのようなプライバシーへのリスクがあるかについて、専門家による客観的な評価を行い、そのリスクを最小限化する対策を対外的に公表することが重要である。リスクを公表することは一見、企業にとってはマイナスに思えるが、漠然とした不安感に対して具体的情報を与え、開発段階でプライバシーに配慮していることを周知する上で有益である。環境にもたらす具体的な評価の実施を義務付ける環境アセスメントと同様に考えることができよう。ＨＰ（ヒューレットパッカード）による「ＩｏＴセキュリティ調査」によれば、スマートウォッチの約90％が何らかの傍受を受けていること、また約70％が暗号化せずに通信が送信されていることが明らかにされている。

日本では情報処理推進機構が、２０１６年3月に「安全・安心なＩｏＴ製品の実現に向けた17の開発指針」を公表し、ＩｏＴ製品の開発者が考慮すべき事項を示している。システムを開発する側において、ＩｏＴコンポーネントが収集するセンサーデータや個人情報を洗い出すことが重要である。また、廃棄されたＩｏＴコンポーネントから個人情報を読み出し、なりすましにより不正にアクセスされるリスクを想定するよう注意を喚起している。再利用や廃棄時においても、個人情報の消去プログラムの設定や利用者への周知にも配慮が必要である。

最後に、モノのインターネットの開発は、グローバルなプライバシー問題である。２０１４年10月には各国のプライバシーの監督機関であるプライバシー・コミッショナーが集うデータ保護プライバシー・コミッショナー国際会議がモーリシャスで開催され、「モノのインターネットに関するモーリシャス宣言」が全会一致で採択された。この宣言ではインターネットでつながれる「モノ」の開発ばかり注目をあびるが、初期設定におけるプライバシー保護設定や暗号化措置を講じるなどのセキュリティ面の強化が指摘されている。国境を越える問題にすべてのコミッショナーが協力して情報共有を行っていくことが確認された。

「技術大国」として、日本はモノのインターネットの分野で世界的に貢献できると期待されよう。同時に、日本が「プライバシー大国」となれるかどうかも問われている。

19 個人情報漏えい事件の集団訴訟 ——被害者救済のあり方を考える

２０１４年7月に発覚したベネッセコーポレーションの個人情報漏えい事件（13参照）で、同年9月、経済産業省はベネッセに対し、再発防止に向け、委託先も含めた個人情報保護の実施体制の明確化と情報セキュリティ対策の具体化を行うよう勧告した（個人情報保護法に基づく勧告）。委託先の元社員は営業秘密を不正に持ち出したとして不正競争防止法違反の罪で起訴された。さらに、同年11月には、ベネッセのプライバシーマークが取り消された。ベネッセは相談窓口を設けて被害者対応を行い、被害者に５００円分のギフトカードなどをお詫びとして発送すると公表した。

個人情報漏えい後のベネッセの対応は誠実なものであり、被害者の中にはお詫びで解決した者もいよう。他方で、特に子どもの個人情報を５００円で解決することが不十分と考える者もあり、２０１４年12月には、精神的苦痛を受けたとする顧客の子どもとその親計13名が損害賠償訴訟を東京地裁に提起した。子ども1人10万円、親1人5万円が慰謝料の請求額である。このほかにも、被害者の会が結成され、集団訴訟の準備も進められてきた。

そこで、ここでは個人情報漏えい事件における被害者の救済と集団訴訟のあり方について検討を行う。

日本では、消費者への不当な勧誘行為や契約条項によるトラブルの増加に伴い、多数の消費者の少額の被害を救済するために、消費者団体が被害者に代わって訴訟を提起できる消費者団体訴訟制度が２００７年から始まった。この制度では、適格消費者団体による消費者被害の未然防止・拡大防止のための「差止請求」は認められているものの、損害賠償請求を行うことはできない。また、集団的消費者被害救済制度が２０１６年10月に施行される予定だが、検討の過程では個人情報の漏えい事案を含めるかどうかが議論の一つであったが、結局、個人情報の漏えいなどによる精神的苦痛による損害は対象外となっている。

この点、集団訴訟（いわゆるクラスアクション）が多いアメリカでは、個人情報漏えい事件で損害賠償請求する集団訴訟の例がみられる。たとえば、２０１１年のソニー・プレイステーションの利用者による集団訴訟では、最大３１００万人の利用者に対し「事実上の侵害」を認め（アメリカの集団訴訟ではオプト・アウトしない限り原告となる）、約１５００万ドルの支払いで和解している。また、１１４名の原告が集団で訴訟提起した大手スーパー、ターゲットの情報漏えい事件では、２０１４年12月の判決で、ターゲットが漏えいの「主要な役割」を果たしていないとして請求が却下された。

他方で、ヨーロッパ諸国では個人情報保護を専門とする独立した監督機関が消費者の救済に対応している。ＥＵでは２０１６年に成立したデータ保護規則には、消費者団体が消費者に代わり違反事例を監督機関へ申し立てすることを認める制度がある。

日本には、個人情報の漏えい事件について、アメリカのような正式な集団訴訟の制度もなく、またヨーロッパのような監督機関もない。個々の弁護士が手弁当で被害者の会をつくり、集団訴訟の形をとって救済を図っているのが実情だ。その意味で、個人情報漏えい事件における被害者救済の体制が整っていないため、泣き寝入りの事例もあろう。しかし、今後、大規模な個人情報の漏えい事件や、特に「忘れられる権利」のようなインターネット上の個人情報の削除要請がある場合に、多くの消費者が集団で損害賠償を請求したり、プライバシー権を行使し得る制度の導入が必要である。

ようやく日本でも２０１６年1月に個人情報保護の独立した監督機関としての個人情報保護委員会が設置された。しかし、苦情処理のために消費者に対し救済措置を講じる手段が法的に定められておらず、同委員会はあくまで違反した事業者に立ち入り検査や命令などを行うこととされている。現状の法制度は、消費者の権利保護ではなく、事業者の義務の遵守に力点が置かれている。筆者は、個人情報保護委員会に対し、監督機関による損害賠償訴訟の支援や、違反事例で差止請求できるよう権限を付与するような、アメリカの集団訴訟とＥＵの監督機関の良い点を参考にして制度を今後創設すべきであると考えている。委員会の権限はあくまで消費者の権利保護を基本に構成するべきであろう。

企業にとっては、集団訴訟で敗訴すれば損失は莫大なものとなるが、企業が顧客情報保護の重要性を再認識するきっかけとなり得るし、万一の個人情報漏えいに備えた保険制度に入ることも考えられる。

他方で、集団的消費者被害救済制度の検討の過程でも審議されてきたことであるが、個人情報の漏えい事案に対する集団訴訟については検討するべき課題も残されている。まず、個人情報は単に漏えいしただけでは実質的な損害が生じているといえるかどうか必ずしも明らかではない。漏えい事案で重要なことは、漏えいに伴い個人情報が悪用されることを防止することであって、そのような具体的な害悪なしに一律に慰謝料を認めることが適当かどうかについて賛否両論があり得る。次に、中小企業においては、漏えいによる損害補塡が企業の存続にもかかわりかねないため、一定の配慮も必要であろう。そして、残された検討課題として、個人情報漏えい事件における集団訴訟については、そもそも個々の個人情報に「値段」をつけること自体が困難である、という問題がある。これまでの裁判例からは単純な個人情報（氏名・住所・生年月日等）の漏えいに対しては、各人に対しおおむね5000円~1万円程度の慰謝料が認定されてきた。消費者が被る被害と企業側の負担を考慮に入れ、適切な賠償請求額の基準についても検討が必要である。これらの制度の課題を考慮する必要が残されている。

個人情報の漏えいは、そもそも金銭では解決できないものであるが、あくまで消費者のプライバシー権の復権の1つの道として、集団訴訟による損害賠償制度の導入は必要であると考える。

20 GPSの捜査利用
——位置情報の追跡はプライバシー侵害か

２０１５年1月27日、大阪地裁は、裁判所の令状なしで捜査対象者の車両に全地球測位システム（ＧＰＳ）端末を取り付けた事件で、「プライバシーの侵害は大きくなく、重大な違法とはいえない」との判断を示した（1月決定）。これに対し、２０１５年６月５日の大阪地裁の別の事件では「本件ＧＰＳ捜査は、対象車両使用者のプライバシー等を大きく侵害する」として、「本件ＧＰＳ捜査は、無令状検証の誹《そし》りを免れず、違法である」と判断された（６月決定）。１月決定では、一連の窃盗・侵入事件において、被告人と３名の共犯者が使用した多数の車両に令状なくＧＰＳ発信器を取り付けたものである。６月決定では、郵便局で収入印紙を盗むなどしたとして窃盗罪と建造物侵入罪が問われていた事件で、２０１３年５月～12月に被告らが利用していた計19台の車両に無断でＧＰＳ端末を取り付け、被告らの位置情報を追跡していた。１月決定では、ＧＰＳがあくまで尾行の補助手段として利用され、24時間位置情報を把握しておらず、位置情報も記録として蓄積していない点が考慮されている。これに対し、６月決定では、充電のため私有地に立ち入ったほか、ＧＰＳ端末からデータファイルを保存できる仕組みとなっていたことが問題となった。ちなみに、警察庁は２００６年に内規をつくり、緊急性や必要性があるなどの場合にＧＰＳ利用を認めていた。なお、６月決定の控訴審判決が２０１６年３月下され、「プライバシーの侵害の程度は必ずしも大きいものではなかった」、

「捜査に重大な違法があるとは解され」ないとした。弁護人は上告し、今後の最高裁の動向が注目される。

しかし、GPSから入手できる位置情報は、捜査と無関係な私生活に関わる多くの個人情報が含まれており、プライバシーや通信の秘密の観点から問題となる。そこで、捜査におけるGPS利用とその手続について考える。

第1に、今回の捜査におけるGPS利用は手続的にみて問題がある。GPSの無断設置は盗聴行為とほぼ変わらない。にもかかわらず、携帯電話などの通話の傍受には令状が必要とされるのに対し、GPS位置情報の追跡に令状を不要とするのは、手続を軽視している。捜査機関が、宅配業者に預けられた荷物の薬物検査のため、荷送人や荷受人の承諾なしに荷物のエックス線検査をした事案で、最高裁は、プライバシーを大きく侵害するため、検証許可状なしに実施することは違法との判断を示した（平成21年9月28日判決）。エックス線による「物」の監視において検証許可状が必要なのであれば、GPSによる「人」の監視にも同様の手続、あるいはそれ以上に厳格な手続を求めることは何ら不合理なことではない。

なお、緊急時におけるGPSの位置情報については、「電気通信事業分野における個人情報保護ガイドライン」により、令状以外の場合は、捜索救助のための生命・身体の重大な危険があること、かつ、早期発見のため位置情報の取得が不可欠であること、という厳格な手続的要件をクリアしない限り利用できないことも喚起しておく。

第2に、捜査員による尾行が許されるのに、GPSによる位置情報の追跡が許されないのはおかしい、という批判があるが失当である。捜査員による尾行は私有地や商業地などには原則として立ち入ることができないのに対し、GPSによれば公道以外の位置情報も24時間追跡可能である。GPS追跡は捜査員による尾行や通信傍受よりも、プライバシー権への侵害の度合いははるかに大きい。GPS追跡決定では、公道からは目視することができない空間を「プライバシー保護の合理的期待が高い空間」として位置づけている。また、捜査員が管理権者の承諾なしに私有地にまで立ち入った行為について、「管理権者に対する権利侵害がある可能性を否定し難い」とも指摘されている。

さらに、公道においてもプライバシーへの「合理的な期待」が失われたわけではない。グーグル社のストリートビューで、公道上の撮影であっても人が画像に写っているなどの理由で、一定の画像が削除されたり、ぼかしが入った（福岡高裁平成24年7月13日）。また、芸能人の自宅近隣の写真等を公開し、芸能人と会うことができるようにする出版物が人格権侵害とされた裁判例（東京地裁平成10年11月30日）もある。公道上のGPS利用によるプライバシー侵害も同様である。プライバシー権は「場所」ではなく、「人」を保障しているのだ。

アメリカでは、2012年に最高裁が、令状で定められた期間を超えてGPSで被疑者の自動車の位置情報を追跡することは不合理な捜索に当たり憲法違反、との判断を裁判官全員一致で下している（United States v. Jones）。本件の口頭弁論で指摘されたことであるが、仮に公道でのGPS追跡がプライバシー侵害とならないのであれば、裁判官の自動車も自由に追跡することが認められることになる。公道にプライバシーがなければ、携帯のGPSから人がどこで誰とどの時間に会ったかについて情報を入手しても違法となり得ない。日本ではJR東日本のSuicaの乗車履歴問題で、乗車履歴ですら無断で他者に開示されることを拒絶する者が多かったことを思い起こす必要がある。

第3に、今回のGPSの捜査利用は警察庁の内規に基づくものであるが、この運用では不十分である。そもそも、通信傍受法が成立した際にも、立法府における議論の蓄積を経て、運用実態の国会への報告のチェック体制が整備された。司法部門における令状とともに、立法措置が必要である。問題は警察によるGPS捜査が認められるかどうかではない。問題は、警察のGPS捜査をチェックする機関を不要とするかどうかである。アメリカでは、Jones判決以降、いくつかの州では、GPS捜査の令状を義務づけるとともに、GPS利用日数(多くは10日程度)を限定するなどの立法がみられる。

世界で初めてプライバシー権を最高裁裁判官として認めたルイス・ブランダイスは、1928年の盗聴事件で、捜査機関による「品格」を問題とした。私生活の歯止めなき追跡行為が正当化される社会は「品格」なき野蛮な社会とみなされよう。技術の進歩により可能となった新たな捜査手法とプライバシー保護の適正なバランスが求められている。「プライバシー権は文明人によって最も価値ある権利として評価されてきた」というブランダイスの言葉を心にとめておく必要がある。

21 ドローンとプライバシー
——上空からのプライバシーの脅威

無人の小型飛行機「ドローン」が多くの注目を集めている。カメラ付きで、昆虫サイズからジェット機サイズまであるドローンは、数万円程度で購入できるものもあり、〝空飛ぶ新技術〟として、企業も個人も利用できる。

たとえば米国では、アマゾンが注文から30分以内にドローンで商品配送するという目標を発表した。アマゾン幹部は、各国の法規制がなされればすぐに実用化できると述べている。また日本でも、離島への宅配便利用を目指して高松東港と男木島間約8キロメートルでフライト実証実験が行われ、カメラと救急セットが運ばれた。渋滞のない上空では災害地や離島への物資が円滑に輸送できるようになる。噴火した御嶽山火口周辺の調査にもすでに用いられている。さらに人手不足の農家では、自動運転で上空から田んぼや畑を撮影して収穫時期を判断したり、広い農場にいる多くの牛の健康状態を観察することも可能である。このほか、福島原発の内部の観察や、沿岸警備・不審者監視のための警備会社による利用など、多くの場面で日常生活の実用品として利用される日は遠くない。政府は、千葉市、仙北市、今治市を国家戦略特区における「小型無人機の実証」として指定し、宅配サービスや農林業、橋梁《きょうりょう》点検等におけるドローンの利活用実証が行われる予定である。

他方で、ドローンがもたらす脅威にも目を向けなければならない。ドローンがホワイトハウスの敷地に墜落した事故では、安全の確保の必要性が指摘された。連邦運輸局は、小型機（25キログラム以下）の利用は利用者が目視できる範囲とし、日中の利用に限るとの規則を公表している。

プライバシーの観点からは、ドローンの脅威がすでに指摘されている。空から民家のみならずマンションの高層階を覗き見ることもできるし、顔認証システムが導入されれば空から常時追跡されることにもなりかねない。個人が出入りする場所が特定され、趣味・嗜好、宗教、民族、出自などの機微情報まで明らかになるなど、プライバシー侵害の危険性が更に高まる。

アメリカでは、２０１５年2月、オバマ大統領が連邦機関のドローン利用に際してのプライバシー保護の諸原則を示したメモランダムを公表した。第1に、ドローンによって収集・利用できる情報は正当な目的の範囲内とする。第2に、ドローンによって収集された個人情報の保有期間は、原則として１８０日以内とする。第3に、ドローンによって収集された情報は、法で認められている場合などを除いて拡散することを禁止する。さらに、市民権の保障の観点から、収集された自らの個人情報の開示を各人に認めるとともに、民族・人種・性別・国籍・宗教・性的指向・性アイデンティティに基づく差別となる情報について、収集・利用・保全・拡散を禁止している。

ＥＵでも、欧州委員会が「飛行の新たな時代」というコミュニケを公表し、無人飛行機の利用ではデータ保護の諸原則を遵守すべきことを示した。無人飛行機が記録するデータは絶対的に必要な場合に限定されるべきであるとするデータ収集の最小限化の原則を強調している。また、人の顔の画像に自動的にぼかしを入れるなど、開発段階でのプライバシー保護のためのデザイン設計が推奨されている。

日本の法制度の下では、原則として地表又は水面から250メートル（航空路内は150メートル）を下回る高さの空域は規制の対象となっていない。そのため、カメラを搭載し、GPSなどによる位置情報収集が技術的に可能であるにもかかわらず、ドローンを正面から規律する法律がなかった。

ところが、2015年4月22日に総理大臣官邸屋上にドローンが落下した事件が起きた。これを受け、航空法が改正されることとなった。この改正と無人航空機（ドローン、ラジコン機等）の安全な飛行のためのガイドラインにより、人が乗ることができない飛行機、回転翼航空機、滑空機、飛行船であって、遠隔操作又は自動操縦により飛行させることができるものと定義される無人飛行機については、空港周辺の空域や人口集中地区の上空では、安全性を確保し、許可を受けた場合にのみ飛行できることとなった。また、飛行させる場所にかかわらず、日中で目視範囲内で無人飛行機とその周辺を常時監視して飛行させることや無人飛行機から物を投下しないことなどが条件とされた。また、2016年3月には、国会議事堂、内閣総理大臣官邸その他の国の重要な施設等の上空におけるドローン飛行の禁止法も成立した。

このような航空法上の問題とは別に、現行の個人情報保護法の下でも不正な手段を用いた個人情報の収集は禁じられているから、正当な理由なく上空から人の私生活を監視したり継続的に追跡することは、不正な手段による情報収集に該当し、同法の規制の対象になる。

また、ドローンが具体的な個人情報収集作業に用いられる場合には、収集された個人データについては、開示・訂正・利用停止の請求の対象となり得る。ドローン商業化に際しては、個人データの開示や苦情対応の窓口の設置が必要となる。

さらに、ドローンの情報収集について透明性を高め、説明責任を果たすことが必要である。事前の周知徹底なく、個人データを無断で収集している事実が明らかになれば、ドローンへの反発は必至である。

2015年6月には、「『ドローン』による撮影映像等のインターネット上での取扱いに係るガイドライン」が公表され、ドローンにより映像等を撮影し、インターネットで公開を行う場合には、①住宅地にカメラを向けないようにするなど撮影態様に配慮すること、②プライバシー侵害の可能性がある撮影映像等にぼかしを入れるなどの配慮をすること、③撮影映像等をインターネット上で公開するサービスを提供する電気通信事業者においては、削除依頼への対応を適切に行うことも示された。今後、ドローンの利用が広まり、また高度な監視の仕組みが加われば、プライバシーへの脅威は高まる。新たな技術がもたらす恩恵を十分に生かすためにも、ドローンをめぐるプライバシー保護のルールを早急に整備すべきである。

(22) 年金情報漏えいの教訓
――個人情報保護の体制見直し

２０１５年6月1日、日本年金機構は、約１２５万件の基礎年金番号、名前、生年月日、住所を含む個人情報が漏えいしたと公表した。漏えいの原因は、内部事務処理のためのネットワーク内で職員がウイルスメールを開き、パソコンがウイルスに感染したというものである。年金情報の漏えいによる詐欺被害も報道されている。年金記録がマイナンバーへの統合を控えた時期の漏えいであり、改正マイナンバー法案の採決も延長される事態となった。

確かに、サイバー攻撃は巧妙になってきているし、ある調査（トレンドマイクロ２０１５年6月）では67％の組織が過去1年間にセキュリティ・インシデントを経験したと回答している。日本年金機構以外にも、２０１４年1月には原子力研究開発機構がウイルス感染による情報流出の可能性が指摘されたり、２０１３年1月には農林水産省からサイバー攻撃による情報流出の事案が報道されている。２０１３年度までに政府機関へのセンサー監視などによる脅威件数は５０８万件、すなわち、約6秒に1回発生しているという調査もある。しかし、安全管理措置は個人情報保護の核心をなすものであり、また個人情報が守れない制度では、制度自体の信頼が損なわれることとなる。日本年金機構では、システム監査があったものの、標的型攻撃を想定した評価項目がなかった点も問題である。さらに、ベネッセの漏えい事案と比べても、漏えいが発覚してから約20日も具体的な対策を講じないなど、インシデント対応はお粗末なものであるといわざるを得ない。

繰り返される個人情報の漏えい事案について、各組織の責任まかせにするのではなく、個人情報の保護に関する根本的な制度のあり方を冷静に検討すべきである。以下では、年金情報漏えい事案から学ぶべき教訓として次の3点を提言したい。

第1に、恒常的な独立した監視機関によるチェック体制の確立である。年金情報漏えいのあとに行われた外部有識者から構成される検証は当然のことだが、アドホックな検証委員会では不十分である(日本年金機構における不正アクセスによる情報流出事案検証委員会「検証報告書」が2015年8月21日に公表)。漏えいが起きるたびに外部の専門家を呼ぶのではなく、漏えいが起きる前から専門家による安全管理措置体制の定期的な点検が行われるべきである。

改正個人情報保護法により独立した監視機関である個人情報保護委員会が設置された。諸外国ではすでにこうした機関は設置されており、政府機関への資料提出命令なども行い、個人情報の保護体制をチェックしている。日本ではこれまで、民間部門に対してのみ独立監視機関が権限行使できるという前提で法改正が検討されてきたが、公的部門を除外すべき理由はない。むしろ独立性の本来の趣旨からすれば、行政機関などの個人情報の取り扱いの監視を主たる任務とすべきである。また、サイバー対策基本法の司令塔としてのサイバーセキュリティセンターの役割も重要となる。サイバー攻撃の実例を広く紹介し、官民共同でベストプラクティスの共有を図る必要がある。

第2に、データ漏えいの通知義務を課すべきである。今回は年金機構がウイルス感染から20日以上たって事実を公表し、その間被害が拡大していった。漏えいの事実を単に公表するだけでは、多くの国民をいたずらに不安にさせるだけである。また、情報漏えいの被害者に対する通知の多くは発生から三週間以上たった六月二二日以降（約１００万人、約１・５万人は6月3日～４日）になされている。これまでの民間の漏えい事案と比較しても、漏えい後の通知の対応や安全管理の組織的体制が整備されていないことが明白になった。

現在、個人情報保護の「基本方針」において、漏えい事案が発覚した場合、二次被害防止の観点から可能な限り事実関係等を公表することが重要とされている。金融機関などでは所定の用紙で漏えい事案の詳細を金融庁に報告する措置などもとられている。

アメリカの48州では、漏えい発覚後に速やかに本人に通知する義務を課す立法があり、またＥＵでは漏えい発覚から24時間あるいは72時間以内に独立監督機関に報告しなければ罰則が科されるなどの法制度が検討（フランスなどでは運用）されている。２０１３年にＯＥＣＤガイドラインでも通知義務が新たに導入された。日本でも、一定数を超える大規模漏えいの事案については、たとえば３日以内に本人と監督機関への通知を義務づけるなどの制度を導入すべきである。これにより、漏えい後は速やかに本人に知らせることが可能となり、二次被害の防止につながる。

第３に、個人情報のリスク管理は必須である。年金機構は漏えい後もネット接続を遮断しなかったため被害は拡大した。また、個人情報保護の取組が厚生労働省の審議会部会による評価でＣ評価を受けていたというのである。

リスク管理もＯＥＣＤガイドラインで新たに追加された項目である。もはや現在の情報通信社会においてゼロリスクで個人情報を扱うことは不可能である。つきまとうリスクを常に分析し、漏えいのリスクを管理する体制を整備し、説明責任を果たすことが何よりも重要である。従来の漏えい事案の原因を共有するだけでも多くを学ぶことができる。

今回の年金情報漏えいでは、厚生労働省には情報セキュリティの非常勤の専門家（ＣＩＯ補佐官）が、緊急時における対応など情報セキュリティ対策全般に対しての助言などを行うこととされていたが、理事長に直接進言する立場になく、機構幹部もきちんとした状況報告を受けておらず、さらに非常勤の専門家と職員との連携が円滑に機能していなかった。個人情報保護や情報セキュリティの専門家は組織において独立した立場から上層部に直接意見を述べる立場にいなければならない。また、万一の事態に備え、各組織では漏えい後の対策もシミュレーションしておくべきである。今回の事件を受け、厚生労働省は２０１５年9月18日に情報セキュリティ対策のため組織体制の見直しを公表しており、行政機関における先進的な情報セキュリティ対策を推進することが期待される。

これらの3点のほかに、今回の事案から日本の法制度においても克服するべき課題がみえてきた。被害者の救済である。事件を受けて国会でも審議されたが、厚生労働大臣は被害者に対する補償をするつもりがないことが示された（厚生労働委員会平成27年6月3日塩崎恭久大臣答弁）。ベネッセ事件などの民間における漏えい事案では、企業側が自主的に一定の補償金を支払うのが一般的であるが（19参照）、今回の事件では被害者の泣き寝入りである。個人情報の漏えいに伴う経済的・財産的損失や精神的苦痛に対しては補償金を支払うことも検討されるべきであろう。諸外国では、個人情報保護法に漏えいや不正な取扱いに対する苦情申立てを「権利」として規定されるのが一般的である。日本の個人情報保護法制には苦情処理を事業者や行政機関などによる努力義務としているだけであり、被害者救済は今後の立法課題である。

この年金情報の漏えい事件により、審議中であった個人情報保護法とマイナンバー法の改正案にも影響が出た。日本年金機構は、２０１７年5月末までの間マイナンバーの事務処理ができないこととなった（詳細は別途政令で決定）。マイナンバー制度の目玉でもあった年金記録の取扱いが延期されたことは利用者にとっても不安が残る。これを契機に、改めて個人情報の体制整備を根本的に見直すべきである。

23 「おもてなし」と個人情報保護
——宿泊者の個人情報提供のルール

日本は、〝おもてなし〟の国として、オリンピックに向けて多くの外国人を迎え入れることになる。外国人が宿泊するホテルや旅館において個人情報の徹底を図るべきことはいうまでもない。また、「民泊」と呼ばれる外国人旅客の滞在に適した施設を使用させるサービスにも注目が集まっている。そこでここでは、ホテル側の宿泊者の個人情報の管理と共有の在り方について検討する。

2015年6月22日、アメリカ最高裁は、ある憲法違反の判断を行った。ロサンゼルス条例が、ホテル宿泊者の個人情報の記録保持を90日間義務づけるとともに、警察からの捜査要請に対してこの個人情報の提供を義務化し、違反した場合に1000ドルの罰金を科していることについて、プライバシーを侵害する不合理な捜索であるため、条例を憲法違反としたのだ（City of Los Angeles v. Patel）。判決では、ホテル経営者に宿泊者の個人情報提供の必要性の有無について中立的な審査の機会も与えず、また司法の事前の令状審査もなしに個人情報を提供させることが憲法違反の主たる理由とされている。たとえギャンブル、売春、薬物使用のためにホテルを利用する可能性がある宿泊者がいても、個人情報の開示には一定の手続が必要であることを示した判決である。

この判決は、ロサンゼルスに宿泊する外国人も対象となることから、決して日本人にとっても無縁な話ではない。裏を返せば、アメリカでの判決により、少なくとも日本に宿泊するアメリカ人に同様のプライバシー保護の措置をとらなければ、アメリカから批判を受けることになりかねない。

日本では、旅館業法第6条において、ホテル等営業者は宿泊者の氏名・住所・職業を、また、外国人に対しては、国籍及び旅券番号も追加して記載しなければならない（旅館業法施行規則4条の2）。この記載を拒んだ場合、ホテル等は宿泊を拒否することができる。そして、警察官からその職務上宿泊者名簿の閲覧請求があった場合には、当該職務の目的に必要な範囲内で協力することが厚生労働省の通知で示されている。問題は、この「協力」である。

ここでは、2つの点について注意を要する。第1に、宿泊者の氏名・住所・電話番号などの単純な個人情報でも保護の対象となる。最高裁の判例（平成15年9月12日）では、講演会参加者の名簿を本人の同意なしに早稲田大学が警察に提供した行為が、「無断で本件個人情報を警察に開示した同大学の行為は、上告人らが任意に提供したプライバシーに係る情報の適切な管理についての合理的な期待を裏切る」として、たとえ中華人民共和国の国家主席の警備のためであっても違法とされている。

第2に、仮に捜査機関への協力といえども、漫然と個人情報を開示する行為は違法となる場合がある。最高裁の判例（昭和56年4月14日）では、弁護士会が弁護士法に基づいてある者の前科等を役所に照会した事件で、市区町村長が漫然と弁護士会の照会に応じ、犯罪の種類・軽重を問わず、前科等のすべてを報告することは、公権力の違法な行使にあたると認定された。弁護士法や刑事訴訟法に基づく個人情報の照会には提供義務があると解釈され得るが、それでもなおプライバシー保護の格段の配慮が要請されるべき場合がある。

プライバシー保護の問題は、個人情報を開示するかしないかという二者択一の問題ではない。個人情報の開示・提供には一定の「適正な手続」が必要なのである。適正な手続を無視した個人情報の開示・提供は本人のプライバシーへの合理的な期待に反する行為とみなされるべきである。適切な手順を整備して、宿泊者の個人情報の提供ルールを明確にしておくことが重要である。宿泊施設においては、個人情報を提供するかどうかの「執行官の要請に対して審査を行うための中立的な決定者」(Patel判決)としての役割が求められている。

他方で、宿泊者の安全の確保やテロ対策という重要な目的を実現する必要もある。もともと人の生命・身体・財産の保護のためであれば、本人の同意なしに個人データの提供は認められている。また、感染症予防等のため公衆衛生の向上に必要な場合も同様である。しかし、ホテルなどの営業者は具体的な事例で判断に困る場合がある。まず、宿泊者の個人情報の提供について具体的な事例を想定したガイドラインを策定すべきである。さらに、特定の地域で警備が必要となる場合は、自治体における個人情報保護審査会、また必要に応じて裁判所で開示・提供の必要性を事前または事後にチェックする仕組みが必要である。少なくともホテルなどの営業者が個人情報を捜査機関に開示・提供した場合は、事後的に審査会に報告することを義務づけるべきであろう。

さらに、民泊サービスの推進に伴い、国家戦略特別区域都道府県知事の認定を受けることにより、旅館業法の規定が適用されないこととなる。このため、２０１５年7月31日、内閣府と厚生労働省は「外国人滞在施設経営事業の円滑な実施を図るための留意事項について（通知）」を出した。この通知では、滞在者名簿を備えることとし、滞在者の氏名、住所及び職業並びにその国籍及び旅券番号を記載し、滞在者名簿は3年以上保存することとされている。また、捜査関係事項照会書の交付の有無にかかわらず、当該職務の目的に必要な範囲内で協力することとされている。

しかし、アメリカでは90日間の保存期間で警察への開示を義務づけていた条例が憲法違反とされているにもかかわらず、この通知は3年以上との期間を定めている。本来、個人情報は利用目的に必要な範囲でしか取り扱うことができず、一律に3年という要件は適切だろうか。また、この通知では、個人データの提供が生命・身体・財産の保護のためではなく、国・地方公共団体等が法令で定める事務を遂行することに対して協力する必要がある場合に該当すると解されている。しかし、前記大学講演会参加者名簿提供事件の最高裁の判断によれば、「開示の目的の正当性と必要性などの事情」に関係なく、名簿を無断で開示する行為の違法性が肯定されている。さらに、筆者が個人情報保護の実務に携わった限りでは、これまで法令で定める事務の遂行という要件は比較的厳格に解釈されてきた。個人情報の取扱いが日本よりも厳格な外国の制度を考慮に入れれば、あらかじめ滞在者名簿が一定の要件で公共の安全目的で警察への開示があり得ることを明示するなり、同意を得るのが望ましい。繰り返しになるが、重要なことは、個人データの提供が是か非かではなく、提供する場合の手続と事後的なチェック体制の整備である。

外国人を迎え入れるホテルなどでは宿泊者の国籍にかかわりなく個人情報の保護の徹底が必要である。外国人が宿泊するとき、諸外国では違憲・違法とされることを日本が外国人のおもてなしでは黙認されていた、といわれないように準備が必要なのである。日本が真のおもてなしの国になるためには、個人情報の保護にも万全を期すことが重要となる。

24 通信履歴の保全とプライバシー
――データ保全の必要性と比例原則

総務省は、２０１５年６月24日付で「電気通信事業における個人情報保護に関するガイドライン」の改正を行った。改正にはいくつかの重要な内容が含まれているが、中でも通信履歴に関する改正（23条）は重大なプライバシーの問題を提起している。今回の改正により、一定の条件の下で認証ログ（利用者を認証し、インターネット接続に必要となるＩＰアドレスを割り当てた記録）については、「６か月程度の保存は認められ、…より長期の保存をする業務上の必要性がある場合には、１年程度保存することも許容される」と規定された。刑事訴訟法では、検察官らが通信履歴の電磁的記録を消去しないよう30日以内（さらに30日の延長可）であれば書面で求めることができると規定されているが、今回の改正内容はこの期間を大きく超えるものとなっている。通信履歴を保全しておくのには、単に課金などのビジネス目的以外に、不正アクセスの調査や迷惑メール送信者への警告などのサイバーセキュリティの目的がある。また、インターネット上における自殺予告などの書き込みに対し、人命保護の対応措置を講じることも可能である。これまでのところ保全期間に定めはなく、各通信事業者ごとに必要最小限度の保存期間が設定されていた。

通信履歴等のデータ保全の問題は、諸外国では憲法上の問題として位置付けられており、他方でサイバーセキュリティ対策の一環としても重要な問題である。そこでは、いかにしてサイバーセキュリティのためのデータ保全とプライバシー保護のバランスを図っていくかが課題となる。

今回の改正については、諸外国の動向からみていくつかの論点が残されているように思われる。第1に、そもそも「通信履歴」とは何か、である。通信履歴については、課金、料金請求、苦情対応、不正利用の防止その他の業務の遂行上必要な場合に限って記録することが認められている。通信履歴の定義については、今回新たに改正されたわけではない。一方、海外では通信履歴の定義をめぐって新たな議論がみられる。たとえば、オーストラリアでは、通信の内容を含まない、通話の記録（発信・着信・認証ログなど）のデータが個人情報に該当するかどうかが裁判で争われている。アメリカのＮＳＡによる監視活動を受けた法改革でもいわゆるメタデータの利用が問題とされ、そもそも何がプライバシーの侵害を構成する「通信履歴」となるかが改めて問われている。日本でも保全の対象となる認証ログがプライバシーにどの程度影響を及ぼすか、今後保全の実態の中で明らかにしていくべきである。

第2に、データ保全の期間である。今回の改正は通信事業者に6か月から1年程度という認証ログの保全期間を目安として示している。しかし、すでにEUでは、テロ対策を目的とした6か月以上2年以内の通信データの保全を義務付けた「データ保全指令」について、２０１４年4月、ＥＵ司法裁判所によって全面無効という厳しい判決が言い渡されている（Digital Rights Ireland ltd and Seitlinger and others）。その理由は、データ保全の目的が究極的には公共の安全の目的に資するものであるが、①あらゆる個人のあらゆる電子的通信を対象としていること、②加盟国の機関によるデータアクセスの客観的な基準がないこと、そして③保全期間が厳格に必要であるという客観的基準がないことから、データ保全指令は比例原則で要求される制限を超えた立法として無効である。そして、人が残した通信履歴という「過去の時間」への不当な干渉が私生活尊重の権利とデータ保護の権利の侵害となるというものである。データ保全が必要性と比例原則に照らしプライバシー侵害となることが認定されているのである。

他方で、アメリカでもデータ保全をめぐり裁判になり、EUとは逆に、マイクロソフトに対しアイルランドのデータベースセンターに蓄積された電子メールなどについて捜査目的でデータ保全を命じる判決が連邦地裁で下された。データ保全がアメリカとEUのプライバシーの衝突の1つの火種となっている。今後、日本の通信事業者はインターネット通信のグローバルな動向にも注視しながら、保全の在り方を検討する必要があろう。

第3に、アメリカとEUの電気通信事業者から多くの苦情が出ているデータ保全のためのコストとリスクの問題がある。仮にあらゆる通信データを電気通信事業者に保全し、必要に応じ通信履歴から特定の利用に関わる履歴を抽出することを義務づければ、データ保全のための人員や設備などのコストが発生することになる。また、保全したデータが漏えいやプライバシー侵害のリスクにさらされる可能性すらある。そのため、データ保全に要するコストとリスクについて過度な負担を通信事業者に強いるべきではなかろう。サイバーセキュリティ対策を目的とするならば、今後政府はその目的にとって必要な限りで低廉かつ安全な形でデータ保全を実施するためのベストプラクティスを示すべきである。

＊

そもそも各省庁が定める個人情報保護に関するガイドラインは、個人情報保護法の規定の解釈指針を示すものであり、憲法、刑事訴訟法、電気通信事業法、そして個人情報保護法の範囲内で解釈される。今回の電気通信事業分野のガイドライン改正は、これまで明確にされていなかったデータ保全の期間の曖昧さを払しょくすることを目的としたものと理解されるべきであり、通信に関する個人データの内容・種類を問わず、全面一律にデータ保全を義務づけたものと解すべきではない。データ保全の目的は、サイバーセキュリティの向上の一環として、健全なサイバー空間の確保にある。健全なサイバー空間の確保とプライバシー保護の観点から、必要性と比例原則に従い、データ保全について通信事業者の適正なバランスが求められている。

25 セーフハーバー決定の無効判決
——越境データ移転への波紋

2015年10月6日、EU司法裁判所は、EUからアメリカへの個人データの移転を認めるセーフハーバー決定を無効とする先決判決を言い渡した。この判決により、EUに進出しているアメリカ企業は顧客の情報を本国に自由に移転することができなくなった。専門家の間では予想どおりの結論となったが、本判決は個人データの越境移転への規制となり、ビジネスにとってとてつもなく大きな影響がある。判決は日本にとっても対岸の火事ではない。

EUデータ保護指令は「十分な保護措置」を施している国に対してのみ、EUからの個人データの移転を認めている。これまでEUから十分な保護措置を施していると認められた第三国は11か国・地域（スイス、カナダ、アルゼンチン、ガンジー島、マン島、ジャージ島、フェロー諸島、アンドラ、イスラエル、ウルグアイ、ニュージーランド）のみで、アメリカや日本は含まれていない。個人情報保護法制がEUとは異なるアメリカはこの十分性の要件を満たしていないため、2000年に政治解決ともいうべき妥協としてのセーフハーバーを締結した。これによりプライバシー保護の7原則を遵守し、アメリカ商務省が認定した企業は十分な保護措置を施しているとみなされ、約4000社のアメリカ企業は自由にEUから顧客情報などの個人データを移転することができた。しかし、セーフハーバーの認証を受けている企業においても、不適切な個人情報の取扱いを行っていることがEU側の調査で指摘されるなど、その運用面ではＥＵ側から批判があった。

本判決の事案は、フェイスブックを利用するオーストリア人が原告である。フェイスブックはアメリカの企業だが、アイルランドに国際的な拠点を置き、アメリカへのデータ移転を行っている。２０１３年６月にスノーデンがアメリカ国家安全保障局の監視問題を告発し、ＥＵ域内のフェイスブックユーザーの個人情報が監視されていたことが明らかになった。原告はフェイスブックがＥＵで収集した個人情報について十分な保護措置を講じていないことを理由としてアイルランドのプライバシーコミッショナーに申立てを行い、同国の裁判所に提訴。アイルランド上級裁判所は、ＥＵ司法裁判所に対し、セーフハーバー決定が十分な保護水準を満たしているかどうか、またアイルランドのコミッショナーが独自に調査することが認められるかどうかの判断を求めた。

ＥＵ判決では、セーフハーバー決定の有効性についてはＥＵ裁判所が判断するものとした上で、アメリカのプライバシー保護体制は国家の安全を理由として個人データの乱用が行われる重大なリスクがあり、それに対する救済が不十分であるため、自由なデータ移転を認めたセーフハーバー決定は無効であると判断した。そして、国内のプライバシーコミッショナーが越境データ移転に伴う個人データ保護の基本権への侵害の有無について独自の調査を行わなければならないとされた。

ＥＵのデータ保護作業部会は、この判決以降に従来どおり企業がデータ移転をすれば「違法」となる旨の声明を出している。アメリカの企業は今後ＥＵが定めた書式の契約書を締結するか、ＥＵが求める水準の各企業の審査を経ない限りＥＵ域内から個人データを移転することができなくなった。違法状態を放置してデータ移転を行えば、制裁金が科される可能性もある。

本判決がもたらす越境データ移転への影響としては、第1に、越境国の十分性の要件が、EU法秩序と「同一」であることを求めているわけではないが、EU基本権憲章に照らし解釈されたEUデータ保護指令と「本質的に同等」であることが必要と判決で示された。日本の憲法ではプライバシー・個人情報保護が基本的人権であることを明記しておらず解釈上導き出されるが、自己情報コントロール権を明確に認めた判例が存在しない。また、2015年に改正された個人情報保護法もEUと比較すれば個人データ保護の権利の章典とはいえないため、「本質的に同等」であるとは評価できない。今回の判決により日本の法制度では十分性が認められる可能性が遠ざかったといえる。

第2に、セーフハーバー決定は、スノーデン事件後、オバマ大統領がEU-US首脳会談でも取り上げられるほどの政治問題であった。今回の判決は、基本権への侵害についてはアメリカ大統領の要請でも拒否する明確な姿勢を示している。EUにとって個人データ保護は「尊厳」に基づく基本権であって、政治や貿易などの他の利害に譲歩することはなく、日・EU間の貿易協定にも影響を及ぼすことになろう。

第3に、今後、個々の企業はEUからデータを移転する場合、たとえEUが示す契約等の方法により実施するにしても、EU市民の苦情申立てを受け付けるなど救済措置が重要となる。

セーフハーバーの無効判決は、今後、日・EUの経済連携協定などにも影響を及ぼすことになるであろう。日本もアメリカと同様にEUからは個人情報保護の水準が十分であるとはみられていない。

たとえば、個人情報の開示等の求めは、個人情報保護法第4章の事業者の義務のひとつとして位置づけられており、施行令で国の安全や公共の安全にかかわる事項は最初から除外されている。また、個人情報の不正な監視などに対しては、事業者が努力義務として苦情処理をするにとどまっており、外国に居住する者に対する救済規定はない。EU司法裁判所がアメリカの法制度に対して不十分であると指摘した点が日本にもそのまま当てはまっている。EUの十分性認定の障害となる点については今後法改正をするなどの措置が求められる。EUからみて日本の企業が違法状態を放置していることは、グローバルビジネスにおける信頼を損ねることにもなる。グローバルに個人情報が流通する中、グローバル企業においては、個人情報を適切に保護できて初めてビジネス展開が可能となることを改めて認識する必要がある。

今回の判決により、大西洋岸でのデジタル津波はますます大きなものとなり、いずれその津波は太平洋岸にも押し寄せることとなろう。この判決を機に個人情報保護が基本的人権の問題であることを日本でも認識すべきである。

㉖ プライバシー・シールド
——越境データ移転への対応

2016年2月2日、欧州委員会は、EUからアメリカへのデータ移転のためのルール「プライバシー・シールド」を発表した。欧州委員会とアメリカ商務省が交渉の末、セーフハーバー決定無効判決（㉕）の政治的解決としてアメリカ側に国家安全保障局等による監視活動に対して独立して調査権を有するオンブズマンの設置を条件とすることなどをアメリカ側が受け入れたからである。また、アメリカ側企業はEUにおける個人データ保護の基本原則を遵守するとともに、EU市民が苦情申立てを行った場合、45日以内に回答しなければならず、紛争解決は無償で対応しなければならない。違反したアメリカ企業に対しては連邦取引員会による制裁金を科す仕組みとプライバシー・シールド・パネルによる執行の担保がとられている。

筆者は、この交渉妥結の一週間前に欧州議会で交渉の最終局面を注視してきたが、4か月間で2016年1月末までという期限ぎりぎりのところでの非常に困難な交渉の末の決着であった。「プライバシー・シールド」は、今後、EUの作業部会、議会、理事会で十分性の要件を満たしているかどうか審議されることとなる。いずれ司法裁判所においても審議が行われることになろう。

米・EUの交渉過程において、2015年10月26日から29日、毎年開催されるデータ保護プライバシーコミッショナー国際会議がオランダ・アムステルダムにおいて開催された。この国際会議は、セーフハーバー無効判決の直後の開催であり、緊張感のある中、ヨーロッパとアメリカの溝をいかに埋めるべきかについて異なるプライバシー哲学の架橋について話し合いがなされた。

データ保護監督機関、政府、研究者、事業者、NGOなど世界中から七〇〇名以上が出席した。筆者はオランダのプライバシーコミッショナーからの依頼を受け、欧米の一流の研究者が作成した「プライバシーブリッジ」報告書についてアジアの視点から関与してきた。会議総会でも、日本を含むアジアにおける動向について発表を行った。会議ではEU司法コミッショナーのベラ・ユロバ氏やオランダ法務大臣なども近年の欧米をめぐるプライバシーの諸課題について発言した。

プライバシーブリッジのプロジェクトは、セーフハーバーの見直しが着手され始めた2014年4月に欧米の一流の研究者の主導により立ち上がり、国境を越えたプライバシー保護の必要性について議論を重ねてきた。その成果が2015年10月「プライバシーブリッジ」として公表され、10の提言が示された。①EUデータ保護作業部会とアメリカ連邦取引委員会の間で覚書の締結等の協力、②ユーザーの個人情報のコントロールの強化、③企業が公表するプライバシーポリシーの標準化等の透明性確保、④国境を越えるユーザーへの苦情処理と救済措置、⑤政府による通信事業者等民間の個人情報監視への制限、⑥個人情報の非識別化に関するベストプラクティスの共有、⑦データ侵害の通知義務に関するベストプラクティスの共有、⑧企業の責任明確化のための説明責任、⑨米欧の政府間協議の促進、⑩プライバシーの共同研究、である。これらは、今まさにアメリカとヨーロッパの間の懸念事項への提言である。

アメリカでは、金融機関における疑わしい送金や乗客予約記録に関連して欧州委員会との包括合意に向けた交渉をしている最中であった。EU側からの要求を満たすため、アメリカは2016年2月に不正な監視活動に対する外国人の権利救済を認める司法救済法を成立させ、さらにオバマ政権はホワイトハウスには連邦機関のプライバシー保護について評価・勧告する権限を有する連邦プライバシー諮問委員会を設置し、EUへの対応を図ってきた。しかし、アメリカ側のデータ保護の諸課題を一括して1つの「傘」の下に入れようとする政策は、「雨漏りする傘」と皮肉られる。安全保障目的の監視活動が継続されており、欧州議会では依然として懐疑論がくすぶっている。

日本でも2015年9月に個人情報保護法の改正が行われたが、改正後でも米欧が合意したプライバシーブリッジの10の提言と重なる内容は、②ユーザーコントロール、⑥非識別化、そして⑨外国当局との協力、の3点にとどまる。日本も残された提言について米欧間の議論を手がかりにして謙虚に吸収していく必要がある。プライバシーをめぐる国際環境はかつてないほど緊張関係にあり、プライバシーの異なる哲学にいかに橋をかけていくべきか、という議論が行われてきた。アジア、アフリカ、南米諸国がすでに加盟しているこの国際会議において、日本は三七年にわたり投票権のないオブザーバーとしての地位にとどまってきた。国際的な動向を正確に把握し、吸収するとともに、日本なりのプライバシー哲学を発信し、プライバシーの橋渡しの役割に貢献していく必要がある。

27 図書館と個人情報保護
――村上春樹氏貸出し記録公表問題

神戸新聞が2015年10月5日夕刊で「村上春樹さん　早熟な読書家　仏作家ケッセルの長編高1で愛読」という見出しで、小説家・村上春樹氏の高校時代の図書の貸出し記録を公表した。ボランティアで校史編纂《へんさん》などをしている旧職員が、それらの本の中に村上春樹のカードが残っているのを発見し、貴重な資料だと神戸新聞社に情報提供し、神戸新聞が公益性があると判断して報道した。本件について、日本図書館協会図書館の自由委員会は、「図書館利用者の読書記録を本人の同意なしに公表することは、利用者のプライバシーの侵害となる」という調査報告を示した。

このほかにも近年TSUTAYA図書館と呼ばれる、自治体の公立図書館でTポイントカードを用いた図書館運営が住民投票の是非にのぼるなど、図書館情報とプライバシーの問題が注目されている。

著名人の高校時代の図書貸出し記録は個人情報として保護されないのだろうか。また、そもそも図書館における貸出し履歴はどのように保護されるべきであろうか。

まず問題となるのが図書館における個人情報保護の基本原則である。図書の貸出し履歴は「資料が返却されたらできるだけすみやかに消去しなければならない」（貸出業務へのコンピュータ導入に伴う個人情報の保護に関する基準）とされている。利用目的に必要な範囲で最小限度の個人情報しか記録として残さない、というのは個人情報保護の基本原則である。村上春樹氏の図書貸出し履歴は利用目的上の必要がなくなった時点で「忘れられる」べきである。公立図書館が履歴を新聞社に提供した行為は、利用及び提供の制限を定める兵庫県個人情報保護条例第7条に違反し、不適切であったというべきである。

第2に、図書の貸出し履歴は機微情報であって、原則として本人の同意なしに収集・利用・提供することは許されない。図書の貸出し履歴は、それだけでその人の趣味・嗜好から思想・信条などが浮き彫りになる。憲法第19条が保障する思想及び良心に関連して、最高裁は、人それぞれの歴史観ないし世界観が、特定の歴史観や世界観と一般的に不可分に結びつくものということができるかどうかに着目して判断してきている。図書の貸出し履歴は、人の歴史観や世界観を推知するにとどまらず、すべての記録がそれに該当しないとしても、一般論として特定の歴史観や世界観と結びつく人の思想及び良心につながる機微情報であると評価すべきである。今回問題となった兵庫県立神戸高校が遵守すべき個人情報保護条例にも、「思想、信教及び信条に関する個人情報」の収集の禁止が明記されており、一般的に図書の貸出し記録もその対象になると理解すべきである。

第3に、ＴＳＵＴＡＹＡ図書館のような民間委託の図書館における記録の適正な管理について問題が残っている。佐賀県武雄市のＴＳＵＴＡＹＡ図書館では、市個人情報保護審議会は、図書システムからポイントシステムへの情報提供について、本人の同意があれば問題なしという答申を出した。しかし、自治体が管理する図書システムと民間のポイントシステムをみだりに情報連携させることには問題がある。日本図書館協会は、自治体が保有する住民基本台帳などの番号を登録者番号として用いてはならないことを示している。図書の貸出し履歴と税や社会保障の個人情報をマッチングする必然性はない。

また、ポイントシステムという複雑な仕組みにおいて、T会員番号、利用年月日、利用時刻、ポイント数がどのように利用されるのかについての同意なのか、必ずしも明確ではない。図書館利用情報の適正な管理についても、市と指定管理者で個人情報に関する協定書を締結することによって運営がなされているが、そもそもポイントシステムへの情報提供において機微情報の処理を委託することには問題があること、また同意に基づく厳格な利用目的が遵守されているかどうかについては明らかにされていない。

さらに、ビッグデータの時代においては、個人の図書の貸出し履歴や思想や趣味・嗜好に基づき、図書のカスタマイズ・サービスも可能である。インターネットの閲覧履歴や購入履歴に基づき、個人にカスタマイズしたおすすめの書籍が表示される。同様に利用者の貸出し履歴に基づき次のおすすめの一冊を提示するように、図書館が「アマゾン化」して、選書の判断基準とすることも技術的には可能である。

むろん図書館のサービス向上のため、民間の知恵を積極的に取り入れることは歓迎すべきことである。しかし、蔵書構築に関わる図書の選書や利用者の秘密保持という図書館の本来の公共的使命に関わる部分までもこのように民間に委ねることには疑問が残る。

日本図書館協会の「図書館の自由に関する宣言」では、「図書館は利用者の秘密を守る」ことを誓約している。これは図書館職員が専門職としてプライバシー保護の義務を明確に体現したものである。図書館における個人情報が適切に保護されなければ、図書館利用者への萎縮効果となり、ひいては図書館の存立自体を脅かすものとなりかねないということは決して誇張ではない。かつて戦前は、治安維持法により「思想係検事」という役職もあり、図書の貸出し履歴をもとに思想調査が行われていた、という歴史の教訓も忘れてはならない。

かつて最高裁は、「公立図書館は、住民に対して思想、意見その他の種々の情報を含む図書館資料を提供してその教養を高めること等を目的とする公的な場」であると述べた。そのような「公的な場」における図書館職員の基本的な職務上の義務の1つに個人情報保護が含まれることを忘れてはならない。

28 自衛隊による違法な個人情報収集活動――特定秘密保護法と個人情報保護法の相克

２０１６年2月2日、仙台高裁は、防衛省情報保全隊によるイラク派遣の反対活動を行う者の情報収集整理について、原告1名の本名及び職業（勤務先）というプライバシーに係る情報を情報保全隊によって違法に収集・保有され、また明らかにされたとして、慰謝料額10万円を認めた。それ以外の原告の請求は棄却された。判決では、情報保全隊による個人情報の収集活動それ自体が違法であるとはいえないが、その収集態様等によっては違法性を有する場合があるとして個別に検討した。

２０１３年12月には特定秘密保護法が成立した。特定秘密保護法については、特に特定秘密を取り扱う者に対する適正評価の実施、すなわちテロ活動等との関係をはじめ、犯罪・懲戒経歴や飲酒についての節度、経済状況などの個人情報のチェックについてはプライバシー保護の観点から問題が残されているとしても、日本の安全保障にかかわる秘匿するべき事項の漏えいを防止するという目的それ自体を否定することはできない。問題となるのは、特定秘密として指定される項目の中に、自衛隊の活動に反対する者の個人情報の収集や整理が含まれるかどうかである。仮に今後情報保全隊による情報の収集整理が特定秘密として指定されることとなれば、これに対するプライバシー権の侵害を主張する方途が閉ざされかねない。特定秘密保護法と個人情報保護法が衝突する場面が想定される。

また、２０１５年4月15日に東京高裁が、警視庁公安部が作成した国際テロ関連資料がインターネット上に流出し、イスラム教徒17名のプライバシーが侵害されたとし、約９０００万円の損害賠償を認めた。国際テロ防止のための情報収集はやむを得ないと判断したものの、警視庁の情報管理責任も認めており、ＮＳＡ監視プログラムの違法判決と類似する問題としてみることができる。このような、国や公の安全を目的とする個人情報の収集活動とプライバシー保護はどのように調整が図られるべきであろうか。

この点、仙台高裁判決では、自己情報コントロール権については、不法行為法上、法的保護に値する権利としての成熟性を認め難い、とする。しかし、判決でも指摘されているとおり、個人情報保護法制の歩みを踏まえれば、裁判所がこれまで用いてきた人格権以上にその権利の内実へのコンセンサスを得られているとみるべきではなかろうか。この点、判決は、仮に自己情報コントロール権が勘酌されるべきものであるとしても、公開の場所で行った活動、それ自体の情報についての秘匿性は乏しく、第三者にみだりに取得・開示・公表されたくないとの期待は、当然に保護されるべきものとは考え難いと指摘する。判決のこの部分は決して不当ではない。

しかし、個人情報保護法制では、情報の「収集」段階のみを保護の対象としているわけではない。むしろ情報の収集後の利用目的の制限、データの正確性、安全管理措置、利用停止などに詳細の規定を置いている。つまり、個人情報保護法制は「収集」段階のみならず、「利用」の段階においても法的規律に服することとなる。ところが、判決は「収集」態様にのみ着目して判断している。

本判決によれば、問題となったのは「イラク自衛隊派遣に対する国内勢力の反対動向」と題する文書であり、情報資料が２００３年12月から２００４年3月にかけて収集されたとみられる。重要なことは、10年以上の歳月が経過して、なお情報保全隊が当時収集した個人情報を保全していることである。個人情報保護法制では、利用目的に必要な限度において個人情報の取扱いが認められ、それを超えてデータ保全が許されているわけではない。訴訟が提起されたという事情を除いて、自衛隊がイラクから無事帰国した後には、反対する個人に関する情報を保全しなければならなかったかどうかが問題となる。しかし、このような個人情報が「特定秘密」に指定されてしまえば、自衛隊が個人情報を保有しているか否かも闇につつまれてしまう。ここに、特定秘密保護法と個人情報保護法の緊張関係が生まれる。

日本の安全保障の観点から、自衛隊や警察が必要な個人情報を「収集」することに過度な制限は設けるべきではなかろう。重要なのは、ひとたび「収集」された個人情報を「利用」する段階の法的規律である。「利用」の段階において適切な個人情報を取り扱っているかどうかは、個人情報保護委員会による定期的な監査などの監督が必要である。諸外国でも、防衛・警察・外交というセンシティブな分野における個人情報保護の規律は、その「収集」段階ではなく、「利用」の段階において、データの正確性、保存の期限、他の機関との共有の有無などがチェックされている。今後、東京オリンピックの開催に伴いさらに国の安全確保が必要となる中で、個人情報保護との両立が重要である。

本件は上告され、最高裁で審理される。国の安全保障にかかわる問題について、特定秘密保護法とのかかわりを含め個人情報保護の在り方についても見直すきっかけとなることを期待する。

29 TPP協定とデータプライバシー
――貿易と個人情報保護

2016年2月4日、TPP協定が署名された。TPP交渉参加国は日本やアメリカを含む12か国であり、その経済規模は世界全体の約4割を占める。協定は、モノの関税だけでなく、サービスや投資の自由化を進め、知的財産や電子商取引などの幅広い分野で21世紀型のルールを構築するものと理解されている。今後、TPP協定の締結に伴う関係法律が整備されることとなる。

TPP協定第14章には、電子商取引に関連する文脈において、個人情報保護に関する規定が置かれている。電子商取引は、2014年度の消費者向け電子商取引の市場規模は12・8兆円となっており、拡大の傾向にある。特にインターネットを通じて様々な商品やサービスの提供を行うには、個人情報が適切に保護され、消費者の信頼が前提条件とされる。TPP協定では、電子商取引における詐欺的・欺瞞《ぎまん》的な商業活動から消費者を保護するための立法を整備することが定められている。さらに、TPP協定では、個人が救済を受けるための方法と事業者の越境データ移転の法的義務などをそれぞれ締約国が公表することを定めている。

一方で、TPP協定はアメリカの影響を一定程度受けたものとみられ、電子商取引における個人情報保護の規制を弱める規定もみられる。第1に、国境を越える情報の移転について、確かに締約国は「公共政策の正当な目的を実現するため」であれば、一定の規制をすることができるとも定められている。これには条件が付されており、締約国は個人情報保護の不当な差別の手段となるような態様とならないことや、貿易に対する偽装した制限とならないことなどが明記されている。すなわち、貿易の保護主義によって個人データの越境移転を禁止してはならないのである。これは、日本の改正個人情報保護法が越境データ移転において日本の法制度と同等でなければ移転を原則として禁じる条項と矛盾する可能性がある。今後、越境データ移転の規制において、日本人の個人情報が国外で不適切に取り扱われないよう留意も必要であるが、他方で、TPPの貿易要請にも応える必要があり、個人情報保護と貿易とのバランスが必要となる。

第2に、いわゆるデータローカライゼーションを禁止する規定に注意が必要である。TPP協定では、各締約国が自国の領域において他国の事業者が事業を遂行するための条件として、その国にデータベース設備を設置することを要求してはならない、と規定する。この規定は、アメリカのNSA監視活動が背景にある。アメリカの監視活動を受けて、ロシアでは、自国民の保護の観点から、自国民の個人情報のデータベースを自国に保存することを義務づける立法を制定した。韓国でもクラウドサービスの設備を原則として自国に設置する法律を2015年に成立させた。国内に多くの巨大インターネット企業を抱えるアメリカの強い働きかけがあり、TPP協定ではこのようなデータローカライゼーションを禁止したものと考えられる。

しかし、たとえば、カナダのブリティッシュコロンビア州では、州政府機関が保有する個人情報は原則としてカナダに保存することを義務づけている。政府の保有する情報はほぼ電子商取引と無関係であるため大きな影響はないとみられるが、データローカライゼーションが禁止されるとなると、州立病院が保有する個人情報などについては今後議論が必要になりそうである。日本には同様の規定がないため、直ちにデータローカライゼーションの禁止の影響が出るとは考えにくいが、逆に、日本における日本人の個人情報が国外のデータベースに自由に保存できることによるプライバシーリスクの管理が今後一層求められることとなろう。ＴＰＰ参加国の中でもベトナムやブルネイには個人情報保護立法が存在しておらず、これらの国に日本から移転された個人情報の安全管理措置の担保が重要となる。

貿易協定については、ＴＰＰ以外に、米欧間における協定（ＴＴＩＰ）も交渉中である。ＥＵにおいては電子商取引指令における様々な規制があるが、セーフハーバーの無効判決に伴い個人情報保護が重大項目として位置づけられ交渉が進められている。このように、太平洋と大西洋においてそれぞれ貿易における個人情報保護の環境整備が行われてきた。

電子商取引においては、データの自由な流通と利用は必要条件であり、そのための過剰な規制を排除するべきことはいうまでもない。しかし、ＴＰＰ協定に設けられた個人情報保護に関する条項については、データの流通促進による経済成長という一方的な物の見方は不適切であろう。個人情報が漏えいしたり、個人情報が不正に取り扱われているにもかかわらず、データ流通を促進することは日本人の利益をかえって損なうこととなる。電子商取引の前提には、安全なインターネット空間の確保が十分条件となる。個人情報の保護と利活用は貿易の場面においても適切なバランスが求められている。

30 新個人情報保護法の意義と課題

個人情報の保護に関する法律が2015年9月3日に改正された。この法律が全面施行されて10年目を迎え、初めての実質的な法改正となった。個人情報保護法は国民生活に密接な法律であるだけに、今回の法改正がもたらす影響は決して小さなものではない。

個人情報保護法については、執行体制が複雑であること、また利活用と保護とのバランスの観点から様々な力学が働くことから、法改正は極めて困難な作業である。そのような中、今回法律の最大の弱点である執行体制を改善し、法改正を実現させた意義は大きい。もっとも、10年間にわたる法の運用の中で、わずか1年たらずの限られた審議の中で法改正を行ったため、課題もみえてきた。

この個人情報保護法の改正は、2013年6月14日の「世界最先端IT国家創造宣言」においてビッグデータ利活用による新事業・新サービス創出の促進が謳われ、個人情報の利活用のルールの明確化を当初の目的としていた。2013年9月以降、IT戦略本部パーソナルデータ検討会で制度見直しに関する議論が行われ、わずか3か月後には「パーソナルデータの利活用に関する制度見直し方針」が公表された。この方針では、ビッグデータ時代における個人情報の「利活用」の側面とプライバシー「保護」の両側面、そしてグローバル化への対応が見直しの方向性として示された。

このように、個人情報と聞けば何でも保護すべきというユーザー側の勘違いと、またビッグデータを口実に何でも個人情報を利用できるという企業側の誤解によって、ビッグデータの推進もプライバシー保護も停滞状態にあった。その意味で、今回の法改正はビッグデータとプライバシー保護の調和を主眼に置いていた。

(1) 個人情報の定義について

第1の法改正のポイントは個人情報の定義の明確化である。「個人情報」の定義については、「特定の個人を識別することができるもの」であり、「他の情報と容易に照合することができ」るかどうかが実務上問題とされてきた。改正前でも保護の対象であったが、「音声、動作」などが具体例として明記された（2条1項）。また新たに「個人識別符号」と「要配慮個人情報」が追加された（2条2項3項）。

個人識別符号とは、身体の一部の特徴をデータ化した文字や符号とサービス利用者等に発行される番号等を指す。具体的には、「マイナンバー、運転免許証番号、旅券番号、基礎年金番号、保険証番号」が含まれるとされる（平成27年5月8日衆議院内閣委員会政府参考人答弁）。個人識別符号については、モノのインターネット（ＩｏＴ）と呼ばれる常時インターネットに接続される機器が注目を浴びる中で、単に機器に付番されるもの（個々の携帯電話やパソコンに割り振られる個体識別番号）が個人識別符号に含まれるかどうかが最大の論点であったが、明確にされず政令で決められることとなった。

また、要配慮個人情報は、「本人の人種、信条、社会的身分、病歴、犯罪の経歴、犯罪により害を被った事実その他本人に対する不当な差別、偏見その他の不利益が生じないようにその取扱いに特に配慮を要するもの」と定義される。

新たな技術の登場により変わり得るものであるため、個人情報保護委員会のガイドラインなどによるきめ細やかな例示が重要となってくる。

(2) 匿名加工情報について

今回の法改正で新たに追加されたのが「匿名加工情報」である。匿名加工情報は、①「特定の個人を識別することができないように個人情報を加工して得られる個人に関する情報であること」、そして②「当該個人情報を復元することができないようにしたもの」と定義される（2条9項）。匿名化については、従来も医療分野において、「個人情報から個人を識別することができる情報の全部又は一部を取り除き、代わりにその人と関わりのない符号又は番号を付すこと」（厚生労働省「臨床研究に関する倫理指針」）といった定義がみられた。今回の法改正では、「復元することができないようにしたもの」という新たな要件を設けた点に特徴がみられる。すなわち、「匿名加工情報が、通常、人の技術力等能力をもって作成のもととなった個人情報を復元しようとしても当該個人情報に戻ることのないような状態にあること」（平成27年5月15日衆議院内閣委員会政府参考人答弁）を指す。

しかし、ビッグデータの実務においては、情報が、今日匿名加工情報であったとしても、明日再識別化されて個人情報に復元することがある。グレーゾーンを回避することができても、個人情報は、その情報を取り巻く環境によって、オセロゲームのように白から黒へ黒から白への変更が可能である。ひとたび匿名化されれば、個人情報保護法が適用されないと考えることは大きな誤りというべきであろう。そのため、２０１４年3月21日、ＯＥＣＤプライバシー専門家会合において筆者が日本の法改正状況を紹介した際、匿名加工情報は、そのときどきの状態でしかなく、常に個々の情報のリスク分析が重要であることが確認された。匿名加工情報を利用する際には、単に匿名加工情報の恩恵だけを考慮するのではなく、リスクとベネフィットの分析が重要となる。

(3)　いわゆる名簿屋対策について

今回の法改正で一般の事業者に最も大きな影響を及ぼすのが、いわゆるトレーサビリティの規定である（25条、26条）。ベネッセ事件を受けて、個人データを第三者提供する個人情報取扱事業者と提供を受ける個人情報取扱事業者はそれぞれ記録・確認が義務づけられた。第三者提供を行う側は、提供の年月日、取引先等の氏名などの事項に関する記録を作成しなければならず、情報を受ける側は、取引先等の氏名と住所、取得の経緯を確認しなければならない。それぞれの事業者が個人データをどこからどのように取得したかについて説明できない不透明な取扱いを克服することは重要である。個人データの取得元の開示についてはすでに２００８年の基本方針の改正にも導入されていたが、今回新たに法律に明文化された。また、業務に関して取り扱った個人情報データベース等を自己・第三者の不正な利益を図る目的で提供・盗用したときは、1年以下の懲役・50万円以下の罰金を科す個人情報データベース提供罪も設けられた（83条）。

他方で、経済成長戦略の一環として、ビッグデータの時代における大量の個人データ流通が法改正の背景にあったとすれば、あらゆる個人データの提供について個人情報取扱事業者にくまなく記録作成と確認を義務づけたり、1日でも記録と確認を怠れば罰則を科すことなどは非現実的といわざるを得ない。実際、同一の会社との間で反復継続して個人データを提供する場合などは包括的な記録にとどめることやデータ主体からの開示等の請求に応じることができる範囲の記録にとどめるなどの配慮が必要であろう。「事業者に過度な負担とならないように十分に配慮する」ことが附帯決議でも謳われている。

(4) 個人情報保護委員会について

今回法改正の最大の功績は、従来の主務大臣制による複雑な執行体制を改め、独立した監視機関として個人情報保護委員会を設置した点にある。委員会の委員長及び8人の委員（合計9人）は、独立してその職権を行うこととされる。マイナンバーを監視してきた特定個人情報保護委員会を改組し、2016年1月に発足した個人情報保護委員会は堀部政男委員長の下改正個人情報保護法に関する様々なルールを作成するとともに監視活動を行っていくこととなる。委員会は、指導・助言・勧告・命令といった改正前の権限のみならず、個人情報取扱事業者と匿名加工情報取扱事業者に対して報告・資料提出を求め、必要な場所に立ち入って、質問・物件の検査を行う立入検査の権限が与えられたことは注目すべきである（40条）。改正個人情報保護法に関する規則の明確化とともに、不正な個人情報の取扱いを行う事業者への法執行が主要な任務となろう。

民間部門では、2014年度に6769件の個人情報に関する苦情相談が国民生活センターに寄せられ、338件の漏えい事案が公表された。標的型サイバー攻撃の件数は2013年から1年で5・2倍（509件）に増加した。これらの漏えいなどの事案に機動的に対処し、個人の権利利益を守るプライバシー権の擁護者としての活躍が期待される。

(5) グローバル化への対応について

今回の法改正により、第1に、国内にいる者に対する物品又はサービスの提供に関連して、その者から取得した個人情報を外国で取り扱う場合にも日本法が適用される（75条）。第2に、外国執行当局への情報提供を行う規定が整備された（78条）。第3に、外国にある第三者への個人データの提供については、日本と同等以上の水準にあると認められる個人情報保護の制度を有している国にのみ原則として可能となった（24条）。これらの規定の整備の背景には、EUから日本への個人データの移転が原則として禁じられていたため、日本がEUと本質的にみて同等の保護水準を確保する狙いがあった。「独立した第三者機関がないということ、…機微情報に関する規定がないということ、…小規模取扱事業者について例外扱いをしているということ、…越境データ移転についての制限がないということ、…管理請求権の明確化がされていないということ、このおおむね5つ」がEUからみて不十分な点であることが認識されていた（参議院内閣委員会平成27年5月26日政府参考人答弁）。

EUから日本の法制度が十分性認定を受ける上で重要なプロセスが、最初のEUの大学・研究機関による調査分析である。実際、ベルギーのナミュール大学は、これまで十分性認定を受けた国・地域をはじめ、日本の法制度も調査してきた。筆者はナミュール大学の研究員としてEUの専門家たちが日本の法制度のどの部分を不十分とみているか研究してきた。日本の法制度の最大の欠点は、人権の視点の欠落である。今回の法改正の審議過程において、個人情報の開示等の権利性が再確認された。しかし、ＥＵの専門家がみるのは、個々の条文の権利（right）のみならず、法秩序全体としての基本的権利（fundamental right）である。個人情報の保護が人権問題であると考えるＥＵにおいて、テロ対策の監視活動により人権が侵害されれば、それを救済するための監視・監督の専門機関が必要であり、また被害者への損害補てんなどの措置が必要である、という考え方をとっている。ＥＵにおける忘れられる権利についても、検索サイトから検索結果の削除を直接監督機関に請求することができる基本的権利として理解されている。個人情報の保護に関する根本的な発想において日本のグローバル化への対応はＥＵとの距離が依然としてみられる。筆者がＥＵや加盟国の当局と意見交換を重ねてきた経験からして、今回の法改正でＥＵから民間部門の十分性を取得できる可能性は小さいといわざるを得ない。

(6) その他の改正事項

このほか、次のような改正事項がある。第1に、オプト・アウトの届出制である（23条2項）。オプト・アウトは個人情報の同意原則の例外として、不透明な個人情報の取扱いや提供がなされる可能性があった。そこで、今後オプト・アウトを用いる事業者は個人情報保護委員会に届け出が必要である。

第2に、利用目的の変更の緩和である。変更が認められるのは、変更前の利用目的と「相当の関連性を有すると合理的に認められる範囲」という文言のうち「相当の」が削除された（15条）。これにより「例えば電力会社が、顧客に省エネを促す目的で、家庭内の機器ごとの電気使用状況を収集して、その使用量等を分析して顧客に提示をしていた場合、あるいは、同じ情報を用いて家電制御技術の研究開発とか、その顧客の安否確認のサービスを行うということ」（衆議院内閣委員会平成27年5月8日山口俊一大臣答弁）が可能となる。

第3に、小規模事業者の例外規定が削除されることとなる（2条2項5号、施行令2条）。とはいえ、「大企業と町の…小規模事業者を同じに扱うというのは、これも非現実的」（参議院内閣委員会平成27年5月26日平将明副大臣答弁）である。今後、一定の小規模事業者向けのガイドラインなどで最低限の遵守事項を列挙するなどの工夫が求められる。

第4に、開示・訂正・利用停止等の権利性の明確化である。改正前からも、法は本人に開示等の求めを権利として認めていたが、今回裁判上本人自ら行使できる請求権であることが明確にされた（28条～30条）。なお、個人情報の消去（19条）ともかかわってくる忘れられる権利については、「政府としては、欧州を始めとする国際的な議論の動向を見守っていきたい」（参議院予算委員会平成27年3月27日安倍晋三内閣総理大臣答弁）という姿勢が示されている。

(7)　プライバシー権の復権に向けて

今回の法改正の目玉の一つであった個人情報の定義の明確化と匿名加工情報の導入は、護《まも》るべき権利利益が明らかにならないと定まらない。しかし、今回の法改正では、それが明確にされないまま、個人情報の概念整理が自己目的化されてしまった感が否めない。

執行制度は行政法規範であったとしても、本来、個人情報保護法制は、プライバシー権を保障する憲法と人格権を保障する民法の嫡出子である。法改正には憲法や民法に遡って議論が尽くされるべきであるが、今回の法改正においては時間的制約もありプライバシー権や人格権との関係について触れられた形跡はない。ビッグデータの時代では、個人情報を利活用する企業側は個人情報を財産的価値としてみる傾向があるのに対し、個人情報が使われる消費者・ユーザー側にとっては一般的に個人情報を人格的価値としてみなす点に距離が存在する。個人情報の利活用側と保護側においてプライバシー権の位置づけの距離が存在する限り、ビッグデータとプライバシーの調和は困難となり、個人情報の利活用の推進施策にも支障が出てくる。

日本の個人情報保護法制は、消費者等の権利利益の保護というよりも、むしろ事業者などの取り締まり法規としての性格が強い。本来、「権利の章典」であるはずの個人情報保護法制が、「義務の章典」となっている。確かに、日本では個人情報保護を権利問題としてとらえるよりも、事業者の義務の問題として位置づけたほうが、運用においては遵守されやすいのかもしれない。しかし、それでは個人情報の漏えいなどによって権利利益が侵害された場合の、被害者の権利救済の仕組みが弱いものとなってしまう。プライバシー権や人格権にかかわる情報保護を推進するには、行政のみならず、これらの権利を救済する司法の後押しも必要となってくる。

プライバシーは事後的に回復することが困難な権利である。プライバシーに楽観的な人もいざ自分が個人情報により差別的取扱いを受けることとなれば態度を改めるだろう。しかし、気づいた時にプライバシーが失われていてもそれを取り戻すことはできない。この法改正を機に、日本なりのプライバシーの哲学を求めていくべきである。

グリームブックス（Gleam Books）
著者から受け取った機知や希望の“gleam《ひらめき》”を、読者が深い思考につなげ“gleam”を発見する。そんな循環がこのシリーズから生まれるよう願って名付けました。

著者紹介

○**宮下　紘**（みやした　ひろし）
中央大学総合政策学部准教授
一橋大学大学院法学研究科博士課程修了・博士（法学）、内閣府個人情報保護推進室勤務、ハーバード大学ロースクール客員研究員等を経て現職。主な著書として、『プライバシー権の復権』（中央大学出版部・2015）、『個人情報保護の施策』（朝陽会・2010）、“Enforcing Privacy”（共著・Springer, 2016）など。

事例で学ぶプライバシー

平成28年7月7日　発行　　　　価格は表紙カバーに表示してあります。

著　者　　宮下　紘

発　行　　㈱　朝 陽 会　〒340-0003　埼玉県草加市稲荷2-2-7
電話（出版）　048（951）2879
http : www.choyokai.co.jp/

編集協力　㈲　雅 粒 社　〒181-0002　東京都三鷹市牟礼1-6-5-105
電話　　0422（24）9694

ISBN978-4-903059-48-8
C0032　¥1000E

落丁・乱丁はお取り替えいたします。